99%の人がしていない
たった1%のリーダーのコツ

河野英太郎

JN237401

Discover

はじめに

リーダーとは？

リーダーは、いまだにカリスマ待望論を耳にすることもあるように、とかく、もともと備わった才能が求められるものと思われがちです。

でもそれは正しくないと私は思っています。

誤解してはならないのが、リーダーとはあくまでもチームや組織で仕事をする上の「役割」であり、特別、**リーダーが偉いわけでも、価値が高いわけでもない**ということです。

「リーダーである自分は偉くなければ」と考えてしまうと、それは行動に表れます。メンバーを子ども扱いしたり、命令口調で接したり、逆に、メンバーよりすべてにおいて優れていなければならないと考えて、自分に余計なプレッシャーを加え、必要のないストレスを抱えたり……。

自分自身のキャリアを振り返ってみても、リーダーをはじめたばかりの頃は「すべてにおいて優れているべき」と、自分を追い込むことがありました。

でもあるとき、自分よりキャリアの長いメンバーばかりのチームを任されたり、多ジャンルにわたる「その道のプロフェッショナル」のチームリーダーとして仕事をしてみると、**リーダーには、人としての成熟度や、仕事の専門領域で勝負することは、必ずしも求められていない**ことがわかってきました。

実際、チームメンバーに15も年の離れた人生の先輩がいたこともありますが、この方には、仕事を離れれば先輩パパとして、父親のあり方について相談にのっていただきましたし、会社を代表する技術者をメンバーにもったときは、仕事上はリーダーとして接したものの、専門領域については敬意をもって教えを請いました。

リーダーはあくまでも役割です。

つまりリーダーは、リーダーに求められるスキルを磨く必要はあっても、すべての領域でメンバーより優れた能力をもっている必要はないのです。

まずは肩の力を抜くことからスタートすればいいのです。

リーダーとマネジャーの違い

最近は「自分はリーダーになりたくない」という人が増えているといわれています。

リーダーになりたくない理由の多くは、「管理業務が増えて面白くない」「自由になる時間が減って精神的・肉体的な負担が増える」「そもそも自分は人の上に立つタイプではない」などさまざまです。

リーダーシップ研究の権威である、ハーバード大学の**ジョン・コッター**によると、リーダーシップとマネジメントはもともと違うものであり、その役割や、リーダーとマネジャーの育成方法はまったく異なるものだといいます。ちなみにそれは彼によると、次のように定義されます。

リーダー：変化を見極め組織の向かうべきビジョンを掲げ、関係者を動機づけ、ビジョンに向かわせる人。

マネジャー：決められた目標に向けて組織を管理し、目標を達成させる人。

私なりに整理すれば、「リーダーは性善説にもとづき人をやる気にさせる仕事」、「マネジャーは性悪説にもとづき人を管理する仕事」となります。

こう考えると冒頭の「リーダーになりたくない」理由に挙がっているものは、すべてマネジャーに求められる仕事であることがわかります。

現実のビジネスでは、同一人物に対してリーダーシップとマネジメントの両方の能力が求められることが多いため、このような誤解が生じます。

似て非なるこの二つの役割・能力のうち、本書では、リーダー（リーダーシップ）に着目して、その役割をまっとうするために求められる能力や行動について、説明していきたいと思います。

だれでもリーダーになれる

リーダーに求められる能力とは何でしょうか。

前出のジョン・コッターの理論でいえば、「ビジョンを構築」し、「人心を掌握」し「関係者を動機づける」ことだといいます。でもこれって、

……なんだか難しそうですよね。

ではこう考えてみてはいかがでしょうか？

あなたが「今晩家族で外食し、お寿司を食べたい」と考えたとしましょう（**ビジョンの構築**）。まずは頃合を見計らい、子どもたちに一人ずつ声をかけます（**人心の掌握**）。次に、ハードルの高い配偶者に交渉します。そのときは「次のボーナスは出るに違いない」「子どもたちが食べたいと言っている」「今の季節はブリが旬のはずだ」などの説得材料を持参します（**関係者を動機づける**）。

これに成功したら、見事にあなたのリーダーシップが発揮された証です。

でもこれって、日々の生活や仕事の中で、**だれもが発揮している能力**だと思いませんか？（決して難しくなどなく、多くの人が日常的にやっていることだと思いませんか？）

そうです。

すべてのリーダーに求められるこの能力は、決して特別なものではないのです。

リーダーになるには「コツ」がある!?

ではこの「特別なものではない」リーダーシップの能力は、どのように身につけるものでしょうか。

もちろん、他のさまざまな知識・技能同様、リーダーに必要な能力も、学習と実践によって備わるものです。

あわせて実はリーダーシップには、ちょっとした「コツ」が存在します。

実行段階では、この「コツ」がとても有効です。

その言葉の響きから、つい限られた人のための特別な能力と思われがちなリーダーの能力も、分解してみればそれほどハードルが高くない「コツ」であることが少なくありません。逆にいえば、この「コツ」さえつかめれば、リーダーになることはそれほど難しいことではないのです。

本書はこの「コツ」を、8章にわたってお伝えします。

ここで掲げているコツには、言われてみれば当たり前のことも多く含まれます。

しかしビジネス経験がある方は実感いただけると思いますが、すべて実践しきれている人はまずいません。


このコツは、**実践することに意義**があります。

そしてその実践には、苦しい訓練や特別な才能は必要ありません。

必要なことは二つだけ。

「(コツを)実践する素直で愚直な姿勢」と**「それを継続する気持ち」**です。


ここでのコツは、スポーツや武道でいえば「フォーム」や「型」に似ています。フォームや型をおろそかにして一流になったアスリートや武道家はいません。

素人ほどいきなり特別な練習に飛びつこうとしがちですが、そうではなくて、まずは愚直に基本を繰り返し、**「フォーム」や「型」を完全に身につけていただきたいと思**

います。

「リーダーシップ」といっても大上段に振りかぶらず、日々の仕事でこれからご紹介するコツを演じ続け、いつの間にか自分のものにする。これが実はリーダーとして成功する**最短の道**だと思います。

そして機が熟したら、ぜひ自分流で勝負に出てください。

その頃には身につけたコツが、きっと役に立つはずです。

2013年5月

河野英太郎

Contents

CHAPTER 3

メンバー評価のコツ —— 53

Contents

CHAPTER 4

トラブル対処のコツ ― 71

CHAPTER 5

チームを前進させるコツ ― 93

CHAPTER 6

モチベーションを高めるコツ

Contents

CHAPTER 8

自分を整えるコツ — 173

CHAPTER

1

メンバー選びのコツ

CHAPTER.1

1

4番バッターばかり集めない

仕事は、チームをつくることからはじまります。あなたがリーダーなら、このとき「**ドリームチーム**」をつくりたいと思うのではないでしょうか。

その気持ち、とてもよくわかります。実績があるメンバーが多いほうが、成果が出るに違いないと思うからです。でも、注意すべきことがあります。それは、

チームというのは、バランスのとれたメンバー構成にしなければならない。

ということです。つまり野球でいうなら4番バッターばかり、エースばかりを集めすぎない、ということです。

「両雄並び立たず」という言葉がありますが、この言葉が示す通り、**4番級、エース級ばかりをチームに入れると、必ずうまくいかなくなります。**

これはある意味当然で、過去の経験や実績があればあるほど、人は自分のやり方でやりたいと思うものだからです。またこうした人材は、いい意味で自己顕示欲が強いため、自分が支援にまわることを好みません。

それぞれの主張合戦がはじまって譲らない、もしくはだれかが強い不満をもったまま仕事を継続する、という状態が続くと、いつかだれかがチームを去るという結末につながります。

チーム編成をするときは、「前に出て引っ張る人」「全体を冷静に見渡す人」「専門分野で貢献する人」「それぞれを支える人」など、個々のリーダーシップの特徴を見極めることが重要です。

もしかしたら「4番ばかりを集めるほど、うちにはお金がない」という声も聞こえてきそうですが、これも「人材難だ」などと嘆くのではなく、むしろバランスがとれたいいチームだというくらいにとらえ、役割分担を考えるようにしてください。

CHAPTER.1

2

「自分がトップ」のチームにしない

チームで仕事をする意味、それは「一人ではできない大きな仕事を実現するため」「個人がもっていない能力を全体で補うため」であるはずです。

でも現実には、自分が「リーダー」としてチームをつくり、運営するとき、つい「上司」として行動してしまっていないでしょうか？ いいかえるなら、**自分がすべてにおいて上でなければならないという責任感で、メンバーを選び、接してしまっていないでしょうか？**

チームで目標を達成するとき、これは逆効果です。

チームというのは、みんなで大きな仕事をしたり、自分のもっていない能力を補うために組むものですから、むしろ自分よりも能力の高い人を集め、それぞれをプロフェッショナルとして尊重して接したほうがうまくいきます。ここでのコミュニケーションは、**「指示・命令」ではなく、「期待・依頼」にもとづくもの**、つまり、上から目線で知ったかぶりをするのではなく、教えを請うべきだということです。

ただ本音をいえば、これって勇気が要りますよね。メンバーの目にはリーダーとして不甲斐なく映り、その心が離れていくのではないか……と。

でも実際には、すべての領域で自分が「トップ」であることを優先した結果、チームの目標が達成できないほうが、人心は離れていきます。**いかに自分より優れた人に働きやすい環境を提供するかが、リーダーの仕事**であるとすらいえるのです。

19世紀から20世紀を生き、「鉄鋼王」と称されたアメリカのアンドリュー・カーネギーの墓碑銘はあまりにも有名です。

「己の周りに、己より優れし人物を集めたる者、ここに眠る」。

迷ったらこの言葉を思い出してください。

CHAPTER.1

3

異分子を入れる

チーム内で反対意見が出ると、それは「議論」につながります。
この議論とは、何のためにするものでしょうか。

議論とは、新しい価値をつくるためにするものです。

今、自分が正しいと考える意見を正とすると、それに反する、または異なる意見が必ずあります。
この「正」と「反」を比べ、合意された「結論」を探すことが「議論」であり、この議論という作業で導き出された結論は、もとの「正」意見や「反」意見のいいところを取り込んで、より高いレベルになっています。

チームを組んで仕事をする醍醐味はここにあります。

チームで仕事をするとき、もし、合意された結論に対して、新たな意見が出てきたら、さらに高いレベルに届かせるための議論がはじまります。

こうして、**新しい価値をチームでつくり出していく**のです。この価値をつくり出すきっかけが、メンバーによる「反対意見」の表明です。

価値をつくる議論を生み出すためには、異なる意見をもつメンバー（異分子）をチームに迎え入れることが必要です。

新しい価値を生み出すリーダーは、常に「異見」をもつ人を歓迎し、招き入れ、それを評価する人です。

CHAPTER.1

4 性格の違いを大事にする

外部からの刺激に対する、人の反応や発想の違いを分類した、ピーター・ハニーとアラン・マムフォードの「4つのラーニングスタイル」を紹介します。

〈新しいiPadが発売されたら〉

【行動派 Activist】「iPadが出た！　だれよりも早く買おう」（アイデアが豊富ですぐ動くが、飽きっぽい）

【反映派 Reflector】「周りがiPadをもちはじめた。自分も買おう」（慎重に周りを見て自分の意思決定をするが、結論が出ないことも）

【理論派 Theorist】「iPad？　新技術は？　価格設定は？」（観察・分析そして理論化するため、論理的ではあるが発想に広がりがない）

【実用派 Pragmatist】「iPad？　もつメリットは？」（常にメリットを考える。結

果として実行はするものの、オープンな議論や熟慮が苦手）

みなさんの周りの人たちを見ても、「あー、彼は行動派、彼女は反映派に当てはまる」といった感覚をもたれるのではないでしょうか。

以前私も、自分のチームのメンバーと一緒に、それぞれを分類したことがあるのですが、ものの見事にその違いが浮き彫りになりました。

これらの違いを受け入れた上で、最もバランスよく、チームの目標を達成するためのメンバーを構成する必要があります。

私自身は、行動／実用派の傾向が強いため、チームをつくるときには必ず、反映派、理論派のメンバーに入ってもらうようにしています。

先走る私に「ちょっと待った」と別の視点を提示してくれたり、私が苦手な緻密な作業を、前向きに担当してくれるからです。

お互いの補完。これこそがチームで仕事をするメリットなのです。

CHAPTER.1

5

多様性を意識する

チームメンバーの構成について、もう一つ気をつけたいことがあります。

それは、**「性別」「ライフステージ」「キャリア」「専門性」「趣味」「出身地」**など、プロフィールの多様性を考える、ということです。

「ダイバーシティ」という表現で市民権を得た概念ですが、これは過去に誤解のあった「マイノリティを差別しない」という消極的な意図ではありません。

ここでの多様性とは**より積極的に**、多様な背景をもつメンバーをチームに招くということです。これがかなうと、チームメンバーのもつ個々の能力を最大限に引き出したり、異なるものの見方や能力が混ざり合って、チームとしての付加価値が向上します。

「異業種からの転職組」「自分とは異なる専門性をもった人とのコラボレーション」「趣

味や習慣、宗教観の違い」も、新たな考え方やものの見方の選択肢を増やします。
スポーツ経験者は、仕事をスポーツにたとえてわかりやすく解説しますが、これなどもよい例です。新しい刺激はメンバーの視野を広げ、プロフェッショナルとしての成長をもたらします。

ライフステージ、キャリアの違いも重要です。
刻々と変わっていく要素――たとえば、子育て世代や介護世代のメンバーがいたら、子どもの送り迎えの時間を融通したり、介護休暇の取得をみんなでカバーするなど――を、チームメンバーが経験できると、それはチーム全体の財産になります。こうした経験のないメンバーは、自分がいずれ経験するときの予備知識になりますし、すでに経験ずみのメンバーは、その経験を活かし、直接・間接にメンバーを支えられます。

もし万が一、あなたのチームがいまだに**「男性」「新卒生え抜き」「フルタイム正社員」**、**もっといえば「日本国籍」「日本語」のメンバーのみで固められたチーム**であるなら、むしろそれを**弱み**だとすら思うべきかもしれません。

CHAPTER.1

6

相談できる人を一人は入れる

私自身も常に心がけているのが、**チームには必ず相談相手になってくれる人に入ってもらう**ということです。

この人は、必ずしも現時点で能力の高い人でなくてもかまいません。ただし、リーダーであるあなたが心を許せ、信頼でき、口の堅い人である必要はあります。

こうした人に入ってもらうメリットは、状況をわかった上で、客観的なアドバイスを淡々としてもらえることです（本人はアドバイスをしているというよりは、感想を述べている程度の認識かもしれません）。

あなたからの相談は、たとえば「さっきのAさんへの私の指示の出し方、横で見ていてどうでしたか？」だったり、「Bさんのあの言い方には、どんな気持ちが込められていると思われますか？」であったりと、**リーダーシップの悩み**が中心になります。

「あの言い方はまずかったかもしれません。Aさん、しばらく仕事が手についていませんでしたよ」とか、**「Bさんは、最近Cさんとの折り合いが悪いんですよ、実は」**という反応を得られれば、その後のAさんやBさんとの**コミュニケーション**に活かせます。

経験的には、同期や、年齢・社歴が先輩にあたる人に入ってもらうと、こうした関係を築きやすくなります。

一方、自分より若い人やキャリアの浅い人でも、過去にハードな意思決定をした経験のある人や、相応の想像力のある人であれば、相談者になりえます。こうした人は将来組織を引っ張る素養のある人（あなたの後継者候補）でもありますから、意図的に相談をもちかけるのがおすすめです。

相談できる人をチームに入れることは、自身のリーダーシップの確立を早く、また確実なものにし、判断や指示・依頼の独りよがりを防ぐとともに、後継者育成にもつながります。

CHAPTER.1

7 イエスマンに注意する

キャリアを長く積んでくると、あるときふと、こう感じるときがきます。
「なんだか最近自分のギャグがウケるようになってきた」「最近よく相談され、意見を言うと感謝されることが増えた」と。

これは、要注意サインです。

これはあなたのポジションがもつ権限に、周りが気を遣いはじめた証拠です。

ギャグが受けるとか、挨拶してもらえる程度なら問題はありませんが、注意しなければならないのは、**自分の意見がすんなり通ってしまう状況**です。間違った判断が間違ったまま、もっとつめるべき結論が、未熟なままで進んでしまう状況、そして、その状態を心地いいと感じ、もし自分に意見するような人がいたら、その人を遠ざけてしまう状況です。

こうしたとき、周りに集まっている人は、男女関係なく「イエスマン」です。

イエスマンは、あなたの前ではあなたに同調しますが、あなたのいない状況では、別の意見をもった人に同調します。

そしてビジョンを共有せず、あなたの判断や指示に面従腹背しているため、仕事に真剣さがなく、困難にあうとあなたのもとを去っていきます。

イエスマンをつくり出す、引き寄せる原因は、100％あなたにあります。

次の項目に当てはまるなら、あなたは自分を見直す必要があります。

・チーム内の会議で発言するのがいつも同じ人
・チーム内でのランチや飲み会がいつも同じようなメンバーになる
・メンバーから自分への反対意見がない

――いかがでしょうか？

CHAPTER.1

8

適宜シャッフルする

本章のテーマは「メンバーを選ぶ」ですが、チームがすでにあり、そのチームで目標に向かって仕事をしている人も多いでしょう。

実はこういうときもリーダーは、今のチームを入れ替えることを考え、一時的な不協和音はあっても**定期的なシャッフルを、常に考えているべき**です。

長く同じ人とチームを組むと、そのメンバー同士ではやりやすい一方、**仕事のマンネリ化、馴れ合い、(マイナスの意味での)阿吽《あうん》の呼吸が生まれるリスクが発生**します。

新しい刺激がなく、狭い範囲で部分最適を追求し、第三者からはわからない仕事のやり方を続けると、新しい発想が生まれる機会が減ります。また、新たな競合の出現などの変化に耐えられないどころか、その変化にさえ気づけず、新しい価値を生み出すことができなくなってしまいます。

チームというのは常に新しいメンバーを迎えることで、意図的に組織に刺激を与えることが大切です。

『知的創造企業』で有名な野中郁次郎氏は、「ゆらぎ」を意図的に与えることで、組織は活性化すると言っていますが、私は人の入れ替えもひとつの大きな「ゆらぎ」になると思っています。

メンバーが入れ替わった直後は新しい刺激があると同時に、一時的にやりにくさや不便なことも発生します。しかし、これは**前進するための摩擦**です。

リーダーはこれを意図して、あえてチームメンバーを入れ替えるのです。

長くチームを組んできて、今や片腕ともいえるメンバーも、定期的に自分のもとから旅に出すようにしてください。これはそれぞれにとって、いい成長の機会になります。

そしてのちに、別の場所で異なる経験をつんだ者同士が再会し、新たなレベルでチームを組むと、お互いの成長を感じることができるはずです。

それは実に新鮮な刺激となり、次の新しい価値を生むスタート地点になるのです。

CHAPTER.1

9 最後は本人に決めてもらう

「この仕事は、どうしてもこの人にチームに加わってもらいたい」と強く思うことがあると思います。

あなたに人事権をともなう**権限**や**政治力**があったとしたらなおさらです。

でもこういう場合も、本人の意思とは関係のないところで、無理やり「業務命令だ」とチームメンバーになることを強要してはいけません。

さまざまな理由で「どうしてもやりたくないこと」はだれにでもあります。それを無視してしまっては、本人、またチームにとって、不幸な結果につながります。

また「やりたくない」とまではいかなくても、「この仕事は、自分の意思ではなく、指示でやらされている」と思った瞬間、人というのは仕事の責任転嫁をしやすくなり、主体性を欠く結果を生むものです（反対に、未経験者が「ぜひやらせてください」と、チームへの加入を熱望するのであれば、仕事を任せていいかというと、現実はそれほど簡単ではなく、そのバランスは難しいのですが）。

ここで発揮すべきリーダーシップは、この「どうしても参加してほしい人」に、**自ら「チームに加わりたい」と思ってもらうこと**です。

この仕事を担当する場合（また、しない場合）の、プラス面とリスクを客観的に述べつつ、「ぜひ受けてほしい」という強い思いを伝えるのです。

やってみたいと思ってもらうためであれば、公式・非公式のネットワーク（根まわしなど）を駆使することは、むしろ奨励すべきことです。

そして、最終的には「あとは、あなた自身が決めてください。結果がどちらであっても、あなたの能力に対する私の評価は変わりません」とつけ加えます。

実際には、**実績のある人であればあるほど「必要とされていて自分の意思も尊重される」と感じた時点で、かなりの確率で仕事を受けてくれる**でしょう。

CHAPTER

2

仕事の依頼のコツ

CHAPTER.2

1

積極的にお願いしていい

チームメンバーが決まったら、メンバーへの仕事の**「依頼」**がはじまります。

ここで**「指示」**といわず、**「依頼」**というには理由があります。

人に仕事をしてもらうとき、よく使われる言葉で、「命令」「指示」「依頼」「打診」がありますが、これらの言葉のもっとも大きな違いは、受け側の主体性です。

「命令」「指示」は有無をいわせずしたがわせるもので、受け側に自分の意思を反映する余地はありません。いうならば仕事をお願いするときの語尾が「〜しなさい」「〜をやっておけ」となるイメージです。一方**「依頼」「打診」**は、「〜をお願いできますか？」「〜は可能ですか？」となり、するかしないかは、受け手の意思に任されます。リーダーは先述した通り、必ず後者を選択するようにしてください。

「依頼」というと遠慮がちに頼む印象ですが、そこは仕事。必要であればどんどん頼んで大丈夫です。相手を慮《おもんばか》って負担の少ない形で依頼したり、「ごめんなさいね」とひとこと添えたりする人を目にしますが、**この手の配慮は一切不要**です。相手の価値を認めてお願いしているわけですし、**人は頼られるとむしろうれしく、やる気が出るもの**だということを覚えてください。

私は、ほんの駆け出しの頃、作業分担をする余裕のないリーダーのもとで、「次の指示をするまで、当面、業務時間を自己学習にあて自由にしていていい」と言われたことがありました。あれほど苦しかったことはありません。まだ純粋だったこともあり、**「自分は不要なのではないか。であるならそう言ってほしい」**とまで思いつめてしまいました。

逆に、次々仕事を依頼されて、とんでもなく忙しくなったとしても、自分が必要とされ、チームの目標達成のために貢献していると納得すれば、人は「他の仕事もやります！」という気持ちになるのです。

CHAPTER.2

2

ビジョンを添える

仕事を依頼するときは、それがどうチームや組織、会社のビジョンとつながるかを説明する責任を、リーダーは負っています。

次のレンガ積みの話を聞いたことがある方も多いと思います。

ある老人が、散歩をしていると、道の途中でレンガ積みをしている青年に会いました。その老人は青年に「何をしているのですか」と尋ねたところ、青年は無愛想に「レンガを積んでいるんです」と答えました。

しばらく歩くとまた、レンガ積みをしている別の青年がいました。そこでまた老人は同じ質問をしたところ、その青年は少し楽しそうに「壁をつくっているんです」と答えました。

さらに老人は歩き続けます。また新たにレンガ積みをしている青年に会い、同じ質問をしてみたところ、その青年は笑顔で、イキイキした目で「教会をつくっているのです」と答えたということです。

これは、**同じ仕事であっても、その先に見すえているものが違えば、まったく違うものになる、**ということのたとえです。

メンバーが使命感をもって前向きに仕事を進めるには、この話の最後の青年のように、リーダーであるあなたが「今のこの仕事は、われわれのビジョンの○○を達成するためのものだ」と、**ビジョンに結びづけて仕事を説明**しなければなりません。

「会社は建前でビジョンとかミッションとか言っているが、われわれには関係ない。今は何も考えずこの作業をやれ」などという姿勢のリーダーは、**即刻退場**すべきです。

また、上からの伝達をそのまま流すだけであれば、中間のリーダーは必要ありません。自分たちのチームのビジョンとして読み替え、メンバーの目の前の作業と関連づけて説明するのが中間層の仕事です。

すべての作業・意思決定は、常にビジョンとセットで進められるべきなのです。

CHAPTER.2

3 メリットを添える

仕事を依頼するには、チームや会社、リーダーであるあなたの論理だけでは不十分です。リーダーは依頼される側の視点も意識しなければなりません。

これは意外に忘れがちですが、依頼される側に**「なぜ自分が担当するのか？」の納得感**をもたらすことができれば、メンバーの仕事はより高い質と価値を生み出します。

仕事を依頼するときは、今、その仕事をすることは、メンバーにとってどのようなメリットがあるか、という視点で説明すべきです。

たとえば、**「あなたには、より早く管理職として活躍してもらいたい。その訓練も兼ねてこの仕事をやってもらいたい」**とか、**「この仕事は、将来○○になりたいというあなたのキャリア目標に有効な仕事。その目線で引き受けてほしい」**などです。

つまり期待を込めつつ、少しだけ先の現実的な目標や、本人が強く望む将来像に、仕事をひもづけするということです（ですから新入社員に対して「将来の社長候補だから」といった抽象的、もしくは荒唐無稽なことを言ったり、「赴任地は実家に近いじゃないか」などといったこじつけを言ってはいけません）。

また、**これはリーダーが頭の中で思っているだけではいけません。**思っているなら必ず、仕事を依頼する際、明確に伝えるべきです。当たり前ですが人は期待される役割や、自分にとってのメリットを認識して仕事をするのとそうでないのとでは、長い間に大きな差が出るからです。

仕事内容を不本意だと感じ、転職を決意されてしまってから、「実はこう考えていたのに」と言ってもそれはあとの祭りです。

一方、少し角度を変えて考えれば、**当人にとってのメリットが説明できれば、その仕事は、その人にやってもらう意味がある、ということ**です。

仕事の分担を考えるときは、常にこれを頭の中に置いてください。

CHAPTER.2

4 感情を添える

リーダーは、「理屈」と「感情」をうまく使い分けて、メンバーと接することが大切です。

人に動いてもらうときには、先述の通り、**「なぜあなたなのか」「なぜこれをやるのか」といった「理屈」**が必要になります。他方、やはり最後は、**人は理屈を超えた感情で動く**、というのも事実です。

よく耳にする「○○さんが、わざわざ直々に話してくれたから、ノーとは言えない」とか、「○○さんの情熱に負けました」という理由は、冷静に考えると理屈を完全に超えています。

感情はおそらく本能に近く、そこに訴えかければ人は動くということです。

リーダーとして気をつけなければならないことは、感情に訴えることは非常に有効である一方、その前提としての論理的な理屈や客観的根拠ももっておく必要がある、という点です。

ユリウス・カエサルやスティーブ・ジョブズが行った、多くの人々の心を熱く突き動かす感動的な演説も、背景には冷徹な頭脳で行った分析と、それにもとづく戦略がありました。

理があり、それを説明し人に動いてもらうため情に訴える。

理がないまま情に訴えるだけのリーダーは、人に動いてもらえないどころか「単なる感情的な人」とみなされ、相手にしてもらえません。

感情というのは、準備が不十分なまま安易に使うと、自分まで傷つける諸刃の剣。万が一うまくいったとしてもそれでは単なる扇動者にすぎません。

客観的に情に訴えることが必要だと判断した場合には、注意深く周到に準備をした上で、感情を添えたコミュニケーションをするようにしてください。

CHAPTER.2

5

箸の上げ下ろしまで口出ししない

メンバーに仕事を依頼するときは、「依頼の理由」「目的とゴール」「期待するレベル」および「期限」を伝えます。

このときこと細かに「作業指示」をしないことが大切です。

もちろん、作業指示を前提に働いてもらう派遣社員の場合は除きますが、それ以外の仕事の進め方はすべて本人に考えてもらい、その実行もなるべく本人に任せます。

たとえば面会のアポイントをとってもらうとき、**「メール書いた?」「下書き見せて」「あて先とCCはだれにした?」「出した?」「○○の件は念押しした?」**と、箸の上げ下ろしまで口出しすると、本人は「自分への期待値は、言われたことをやればいいというレベルなのだ」と解釈し、自分の頭で考えなくなってしまいます。また、作業の質も、仕事を依頼した人の知識や情報の限界を超えることがありません。

相手がキャリアの浅い人なら「どう作業を進めるか、まずは考えてみてください。そのあとで相談しましょう」とチェックポイントを入れるといいかもしれません。そして**作業のやり方そのものは、聞かれるまでは答えない**ようにします。

万が一聞かれても「こうしてください」ではなく、「自分だったらこうする」「こういうやり方もある」という言い方で、**あくまでも主体は作業を受けたメンバー自身にあることを明確に理解してもらう**のです。

CHAPTER.2

6

決まったら実行してもらう

昭和の後期に内閣官房長官や副長官を歴任し、日本の行政のリーダーとしてたいへんな実績をもつ、後藤田正晴氏の言葉として「後藤田五訓」というものがありました。

一、出身がどの省庁であれ、省益を忘れ、国益を想え
二、悪い本当の事実を報告せよ
三、勇気を以って意見具申せよ
四、自分の仕事でないと言うなかれ
五、決定が下ったら従い、命令は実行せよ

「会社」や「チーム」と「国の行政機構」とは、規模が異なりますし、時代も隔たりがあるため、言葉に違和感があるかもしれません。でも組織で働くリーダーがメンバーに期待することには、これと共通するものがあります。

ここで特に注目したいのは、「三」と「五」です。

私なりにアレンジすると「三、責任をもって言うべきことは言いましょう」、「五、決まったことは、自分のものとして実行しましょう」となるでしょうか。

この二つはワンセットです。

仕事を依頼したとき、その時点でメンバーに疑問や意見があれば、その仕事をやる、やらないも含めてオープンな議論をすることで、意見を引き出す（三）ようにしてください。議論なしの「押しつけ」や、意見を排除する雰囲気を出しておいて「あのとき何も言わなかったからしたがうべき」というのも議論したことにはなりません。

議論して、妥協点も含め方針が決まれば、それは「リーダーの方針」ではなく「チームの方針」、すなわち共同責任です。ここまできたら強く実行を求めて（五）ください。

もし実行する中で問題が発生したら、また次の方針決めのための議論をすればいいのです。そのときには責任の押しつけ合いはないはずです。

CHAPTER.2

7

バランスは考えない

仕事の割り振りを考えるとき、**どうしても一部の人に仕事の配分が集中してしまうことがあります。**実績がある人や、うまくやれそうな人に依頼したいと思うのはだれもが同じだからです。

でも、チームメンバーの顔が思い浮かぶとつい、「負荷を減らしてあげなければ」という思いが頭をよぎります。そういうときはどうするべきでしょうか。

私は、それでもやはり、まずはうまくやれそうな人に依頼すべきだと考えています。

過去の経験では、できる人というのは私の想定以上のパフォーマンスを出すケースがほとんどでした。こういう人は、本当にさらっと仕事をやってのけるので、変にこちらが配慮して、負荷を減らす必要などまったくありません。

また、本当にパフォーマンスの高い人なら、自分一人でできない量の仕事がきたら自ら周りを巻き込む工夫をするので、その点でも心配がありません。

事前に配慮しバランスをとって、できない人にできないことを依頼しても、最終的にはチーム全体のパフォーマンスの低下につながります。そこで**仕事は難しいことから順番にできる人に割り振り、最後に残った仕事を残った人に依頼する**のです。

つまりリーダーは、

・「できる人に仕事は集中するもの」と考え、遠慮なく依頼する
・できる人をもってしても、どうにもならないときには、言ってこられるよう、いつでも門戸を開いておく（「無理なときには言ってください」と明確に伝えておく）
・結果に対して昇給、昇格など、相応の処遇をして、新たなレベルで仕事をする機会を提供する

ことです。

無用な配慮をして成長の機会を摘むのではなく、セーフティネットを張りつつ、チャレンジできる環境をととのえることが、リーダーの役目だということです。

CHAPTER

3

メンバー評価のコツ

CHAPTER.3

1 評価を伝える

メンバーに、年次の評価結果を伝えるときは、結果の良し悪しにかかわらずまわりくどい表現や、オブラートに包んだ表現は避けなければなりません。

もともと評価結果を伝えるその意味は、当人に将来に向けてさらに伸ばしてほしいことや改善のポイントを正しく認識してもらうとともに、**今後の仕事の進め方に役立ててもらうこと**に主眼があります。

したがって、メンバーには評価結果を正確に伝える必要があるわけです。本人が予想しているであろう結果と比べて、悪い評価の場合は伝えにくいかもしれません。でもこのときも、**一時的な感情を優先して、遠まわりな表現をした結果、今後の改善につながらなかったら、むしろそのほうがメンバーの不利益**になります。

あいまいな表現は、誤解や慢心を招くことすらあるため、百害あって一利なし、なのです。

伝えるときは、**「直接的な表現」「正直な伝え方」「前向きで次につながる言い方をする」**の三つを意識してください。

意外に多い誤解は、評価結果を伝達することとイコール、「A」「B」「C」や、「1」「2」「3」などで表される評価を連絡することだと思っている人が多いことです。これを「直接的」に「正直」に伝えるだけではまったく意味がありません。

なぜこのような評価になったのかを伝えた上で、今後どうすればよりよい評価につながるのかをメンバーと議論して、初めて評価結果の伝達が終了します。

このとき先にもふれたように、リーダーは会社やチームのビジョンとメンバーの仕事内容を関連づけて伝えなければなりません。

評価の伝達は、リーダーとメンバーの間の貴重なコミュニケーション機会です。これはビジョンや目標を改めて意識づけ、メンバーのモチベーションを上げるものでもあるのです。

CHAPTER.3

2 手がらは必ずメンバーに渡す

長くチームで仕事をすると、うまくいくこともあればそうでないこともあります。そんな中で**「手がらはメンバーのもの、失敗はリーダーの責任」**をつらぬいた上で評価を考えるリーダーに人はついていきますし、メンバーも成長します。

私が若い頃、あるリーダーの下で仕事をしていたとき、クライアントからミスを指摘されたことがありました。

そのリーダーは、クライアントの前ではもちろん、その後も一切、ミスについて私を責めることはありませんでした。「チェックをせずミスをクライアントの目にふれさせた自分の責任」という姿勢をつらぬいたのです。

このとき私が感じたことは二つありました。一つは、自分のミスは明らかですから、二度とこのようなミスはしないよう自分の作業に責任をもとう、ということ（自分が直接責められるよりも、自分の代わりに謝るリーダーを見るほうがつらかったのです）。そして自分もその人のようなリーダーを目指そう、というものでした。

しかしこれは、言うほど簡単なことではありませんでした。結果が悪いときには担当したメンバーを責めたくなることもありますし、クライアントの指摘に対して、とっさに同席していた担当者を見てしまったこともありました。そのときは自分の未熟さを痛感し、自己嫌悪に陥ったものです。

クライアントや上司の前でメンバーのミスをなじるリーダーは意外に多く、そういう人は、うまくいった場合はチームの仕事も「自分の仕事」としてカウントし評価する傾向があります。こういうリーダーについていきたいと思う人はいませんよね。

成果は「Aさんががんばった結果です」とメンバーの手がらに。ミスはたった一文字の誤字さえも、リーダーである自分の責任としてふるまえば、チームは団結し目標達成に向けて力強く動き出します。

CHAPTER.3

3

その場で・具体的に・心からほめる

メンバーの仕事を評価するとき、「ほめる」というのはとても効果的です。人間だれしも評価されることで自分の価値を認めてもらい、さらに継続的に貢献しようと考えるものだからです。

ただ残念ながら「いいねー」「すごいねー」だけでは、素直に聞けないのが大人です。「部下はほめて伸ばす」という手法は、最近ではビジネス書や雑誌などで目にすることが多いため、表面的なほめ言葉では**「セオリー通りただほめているだけに違いない」**と見抜かれ、逆効果になることさえあるでしょう。

上手に仕事をほめるには、いくつかのパターンがあります。

これは大きく分けると、**「感謝・お礼」「感動」「尊敬」**です。メンバーに対して「おっ、いいな」と感じるとき、多くはこのどれかに当てはまります。

感謝・お礼というスタイルを使って人をほめるとき、それは**「ありがとう」**の言葉に代えられます。

感動は**「俺は本当にうれしいよ」「お客さんが喜んでいたよ。またお願いしたいって」**。

尊敬は**「今度教えてほしい」「自分には到底できない」**になるでしょうか（ちなみにたとえキャリアの浅いメンバーであっても、その仕事が尊敬に値することはとても多いです。私は「僕があなたくらいのキャリアの頃には考えもつかなかった」という言葉を頻繁に口にします）。

これらの言葉は具体的な仕事の成果と合わせて、できるだけその場で伝えるようにしてください。チームがどのような行動や仕事の成果を価値と認めているのかを具体的に伝えるには、その価値を発揮した仕事をほめるのが一番だからです。

せっかく「いいなあ」と思っていることがあるのなら、遠慮せず伝えることです。

できるだけその場で、具体的に、そして心から。

CHAPTER.3

4 間接的にほめる

リーダーであるあなたが直接ほめる以外に、チームやクライアント先など、周りからほめられるよう仕向けることも、メンバーのパフォーマンスを引き上げます。

この〝周りからの評判〟はメンバーの「ブランド」をつくります。

いい仕事をした人のことを「あの仕事をしたのは彼女です。一緒に仕事をして何度も感心する瞬間がありました」とか、「○○に関して、彼は社内でもトップの成果を上げ続けています」といった形で、**外部にいる複数の人に具体的な仕事の事例を引きながらほめる**と効果的です。

仕事の成果は本人が自らアピールしすぎると、単なる自慢に聞こえてしまい、逆効果になってしまいます。そこでリーダーであるあなたが情報発信するのです。意識的に頻繁にほめるくらいがちょうどいいと思います。

「○○ってAさんがとっても優秀らしいですね」「そうらしいですね。私も聞いたことがあります」と、第三者同士が話題にするようになったら、もう彼・彼女がブランド化している証。こうした**メンバーの個人ブランドづくりをサポートするのも、リーダーの大きな仕事です。**

さらには、あなたがほめていたことが本人に伝わったり、そのうわさをたどって新たな仕事の話がメンバーのもとにきたりすると、本人は自分が評価されていることを改めて認識します。リーダーとしてのあなたへの信頼度は上がりますし、さらにいい仕事をしてくれることは間違いありません。

こうして彼・彼女の仕事やチームに関するブランド力向上のよい循環構造ができあがると、チームのビジョン達成もまた一歩、それに近づくのです。

CHAPTER.3

5

ネチネチ言わない

伝えるべきは、いい評価ばかりとは限りません。

リーダーとしてチームメンバーの仕事を見ていると、期待値とのギャップにハラハラしたり、「もう少しこうしたらいいのに」と、あれこれ助言したくなることもあるものです。

ときには、明らかに期待値を下回った仕事や失敗を目にすると「何をやっているんだ！」と感情的になってしまうことも……。

そんなときは、まずはグッとこらえて冷静になり、受け手であるメンバーのことを第一に考えるべきです。

基本的に、助言は少ないほうがいいです。できれば一度に一つ、その時点で最も優先順位の高いものだけに絞るようにしてください。それ以外は別の機会に譲るのです。そうでないと、助言を受けたほうは確実に消化不良を起こすからです。

ゆめゆめ「あのときの、アレも同じだ」などと**過去の失敗を説教するのは言語道断。**たいていは腹いせにしかなりません。

説教モードになったときは、ほぼ間違いなくメンバーの頭の中は「もう勘弁してください」という文字で満たされます。

伝えたいことが伝わらないばかりか、「ネチネチ言う人」というレッテルを貼られ、リーダーとしての評判を落とすことになりかねません。いくらあなたがまじめに、誠実に諭していたとしても、です。

思いが強ければ強いほど、伝えたいことがたくさんあるのは当然です。これは結婚式の挨拶が長くなるのと同じです。

でも**相手への思いが強ければ強いときこそ、メッセージを絞り込む努力をするべきなのです。**

CHAPTER.3

6 安い同情はしない

チームメンバーに対する評価をもとに、彼らの処遇や配置について決定するとき、「これでは、彼（彼女）がかわいそう」などと言う人がいますが、**チームをリードする上で「かわいそう」という言葉は一切口にしてはいけません。**

「かわいそう」というのは、主観的判断にもとづくものだからです。

「かわいそう」という理由で判断した結果、別の人に「かわいそう」な結果をもたらすこともあります。

たとえば、年次評価の際、連続で最低評価がつくと会社にいづらくなるから「かわいそう」だという理由でその人の評価を上げると、相対評価を適用している場合は、他のだれかの評価が下がります。こうなるとどちらが「かわいそう」でしょうか。

ある人に海外赴任のチャンスが訪れたことがありました。しかし上司と人事部門が本人に打診する前に**「彼は新婚だからかわいそう」**という理由でその話がなくなったという話を聞いたこともあります。本人が、もしこれを知ったらどう感じるでしょうか？

他にも、あるリーダーポジションの後任を検討する際、育休明けの女性が候補にあがったのですが、**「彼女はお子さんが小さいからかわいそう」**と助言する人がいたそうです。しかし本人に確認すると二つ返事で引き受けた、というケースもありました。

ここでのポイントは、主観的な「同情」という評価基準をもち込むことは、だれかを一時的に救っても、結果的に周りにマイナスの影響を与える、それどころか同情された本人のためにすらならないことがある、という点です。

評価は客観的に冷徹に行われるべきものなのです。

CHAPTER.3

7

説明できない引き上げをしない

一生懸命働いているメンバーを見ると、リーダーなら感情的にそれに「報いてあげたい」と思うものです。特にそのメンバーが昇進昇格を間近に控えていると、何とか引き上げたいと思うでしょう。

でもこのときも、その決定は客観的な基準にもとづいているべきです。

ある人の一生懸命さに報いるために、情実人事を発動してしまうと、一時的には引き上げられた当人のやる気や忠誠心が得られる一方、周りの多くの人のやる気や忠誠心を失うリスクが高まります。これを忘れてはいけません。

さらにいえば、この「一時的」な当人のやる気や忠誠心は、上げてもらった直後はそれに感謝を感じても、ときがたつとその感動は薄れ、現状のポジションに慣れてしまい、狙った効果が持続できないことが少なくないのが現実です。

もちろん例外的な人事異動があってはならない、というわけではありません。**その人事について客観的な説明ができるのであれば、例外人事自体は認められる**と思います。

たとえば「彼は、○○という実績はあるものの、まだ未知数なのは承知だが、このポジションには例外的にチャレンジの意図で任命した」などとその意図が説明できれば、引き上げをしても許されます（万が一、要求レベルを達成できなければ、ポジションを戻せばいいのです）。

しかし能力が十分備わっていないにもかかわらず、無理やり引き上げるようなケースでは、そのポジションに不十分な業績しか上げられず、のちに人事的に緊急措置をとらなければならなくなる事態にさえ至ります。

これでは、本人にとっても会社にとっても不幸な結末といわざるをえません。

情実人事は実は残酷な手段なのです。

CHAPTER.3

8

「不公平」は評価で救う

できる人のところに多くの仕事が集まった結果、同じ給料なのにあまり仕事をしていないように見える人がたくさんいたり、何らかの理由で毎日定時に帰宅しなければならない人のフォローを周りがしている、という状況など多々あると思います。

その一時点で見ると、これはとても不平等です。こうなるとあなたのところには仕事を多く負担している人から不満が集まることもあるでしょう。

仕事というのは不公平なもの。そういわれるのはこのためです。

こうした状況に報いるのが評価です。

ただこのときも、感情や本人のアピールの強さにもとづいて評価するのは本末転倒です。

評価は成果にもとづいて客観的にするべきです。キャリアが浅いとか若いといった理由だけで低い待遇を受けている人は、評価で引き上げるべきですし、過去に実績があったとしても現在成果が出ていないのであれば、その人は評価で公平に引き下げるべきだと思います。

一方、早く帰っているからといって評価を下げる場合は注意が必要です。男女問わず子育てのために、堂々と定時に帰っている人の中にも、圧倒的な成果を出している人を私は何人も知っています。もちろん、お子さんを寝かしつけてから夜中に再出勤したり、深夜に一度起きて仕事をして一気に追いつく、といった工夫をしているケースがほとんどですが。

むしろ付き合いでたくさんの会議に出て、いつも深夜まで職場にいる人などを、印象で高評価しないよう気をつけるようにしてください。

ちなみにここでいう「成果」とは、発揮された能力のことです。

能力があっても発揮されなければ評価対象外ですし、これは必ずしも単純な結果数値だけでは測れません。**高業績チームにたまたま所属していた、という場合や、難**

易度の非常に高い仕事を担当していて、他と同じ評価軸では測れない、というケースも配慮が必要です。

淡々と客観的事実をベースに評価して成果に報いるとともに、今後の行動を正すためのメッセージとする、というのが評価の意義。繰り返しになりますが、**評価の仕方でメンバーのモチベーションは一気に変わるのです。**

CHAPTER

4

トラブル対処のコツ

CHAPTER.4

1

メンバーのSOSは最優先で対応する

リーダーのところには、日々、多くのトラブル報告が寄せられます。
チームの目標を達成するには、こうしたトラブルにうまく対処し、**メンバーからの信頼や彼らの意欲を維持することが求められます。**

たとえば机に向かって仕事をしているあなたのところに、メンバーが相談しにきたとします。その相談を**パソコンに向かって作業したまま生返事で聞くのはご法度**です。そんなことをすると、おそらく二度とあなたのところにメンバーは相談にこなくなるでしょう。

一方、だれが相談にきても手を止め、必ずパソコンを閉じて相手の目を見ながら話を聞くリーダーのもとには、相談者がひっきりなしに訪れます。

当たり前ですが、人は話を聞いてくれる人に話をしたいものだからです。

メンバーからの相談は、現場で何が起きているかを知るための大切な情報源です。仕事を進める上での相談であったり、承認を求めてくるものであったり、中には人間関係に関する苦情などもあるでしょう。

これらにはメンバーからの「SOS」に等しい内容も含まれるため、うまく吸い上げられないと、手遅れになることもあります。

もちろん**「リーダーはそんなに暇じゃない」**という声もあるとは思います。でもこういうときの考え方としては、**「今、じっくり聞くほうが、火を噴いて炎上してから対処するより、むしろ効果的」**ととらえるべきです。

トラブルは、話を聞くだけで解決することもありますし、会話を繰り返しているうちに、メンバー自身があなたから問題の対処法を学び、自ら解決してくれることもあります。

トラブルを上手に解決し、メンバーのモチベーションを保つことも、リーダーの大切な仕事なのです。

CHAPTER.4

2

感情的にならない

リーダーのスキルにおいて、感情のコントロールは最大テーマの一つです。

たとえトラブルのときでも、人前で声を荒げることによるメリットは何もありません。イライラした雰囲気を表面に表すことも避けなければなりません。

リーダーが感情をあらわにすると、まず、周りにいる人は萎縮したり、あなたの顔色ばかりうかがいはじめます。そして時間がたつと反感を覚えるようになります。元気がいいメンバーであれば萎縮せず言い返すかもしれませんが、その場合は感情のぶつけ合いになるでしょう。

冷静な議論が行われないと、結論は正しいものにはなりません。こうなるとおのずと成果も上がらず、メンバーは面従腹背をはじめます。

さらには**「あの人は感情的な人だ」というレッテルを貼られ、あなた自身、リーダー**

シップの欠如とみなされます。

威厳を保つために感情的になるという人もいるかもしれませんが、これも間違いです。威厳がある人がたまにやると様になるかもしれませんが、そういう人ですら繰り返すとその威厳も地に堕ちます。威厳がない人ほど、感情的に声を荒げる傾向があるため、**「ナントカの遠吠え」**という扱いを受けてしまいます。

「冷静な頭で、激高しているところを演じる」ことが可能であればやってみていただければと思いますが、私は私生活で子どもたちに協力してもらい（？）何度も試してみましたが、やはり行動と感情は双方向で影響を与え合います。

演じていると思ってもだんだん気分が盛り上がって、まさに「怒り心頭に発する」状態になり、冷静さを失ってしまいます。そして目的を達成できません。

目的達成のためには感情を理性でコントロールし、表に出さないようにするのです。

CHAPTER.4

3 感謝を伝える

メンバーがトラブルの一報をもってあなたのところに駆け込んできたら、まず「ありがとう」と言うようにしてください。

これがあなたが現場の状況を察知するための、第一の手段です。

この手の報告は不愉快なことが普通ですし、中には報告者本人の失敗や怠惰であったりすることもありますが、決してその場で責めてはいけません。本人は現場で何とか問題を解決しようとしたけれど、なんともならないから報告、連絡、相談にきています。強く責められる自分を想像すると、なんとかぎりぎりまで踏ん張ろうとしてしまう。でもそうなると手遅れになるから報告にきているのです。

「相談をもちかけることについては、あのリーダーは責めない」とわかると、メンバーはあなたに相談しやすくなります。

当然、相談の内容自体は、ありがたいものではないはずです。にもかかわらずなぜ「ありがとう」と言うかというと、情報をもってきてくれたことへの感謝であり、その場で爆発してしまわないよう自制のための「ありがとう」でもあるのです。

アメリカ合衆国の元国務長官コリン・パウエルも〝**Don't shoot the messenger**〟と言っています。「**(戦場で)戦況報告に戻ってくるメッセンジャーを敵であるかのように狙撃しない**」。これは普段の仕事でも同じだと思います。シェイクスピアの劇中にも似たようなセリフがありますので、組織の中では古くて新しいテーマなのでしょう。

ここに一つ加えたいのが、**駆け込んできた人に対して「解決策を考えてからもってこい!」という対応をしてはならない**ということです。なぜなら現場で解決策を考えているうちに、解決できないところまで状況が進んでしまうことがあるからです。

とはいえ解決策は現場にあるのもまた真実。まずは一報を「ありがとう」と受け取り、その時点で可能な情報収集をしたあと、「この方向で解決策を考えてもらえますか?」と次のステップに向けた作業依頼をするのがいいと思います。

CHAPTER.4

4

悪い話は対面で聞く

メンバーからトラブルの一報を受けたら、どうしても直接会うことができない場合を除いて、極力対面で話すようにしてください。

メールでは情報が不足しますし、緊急度や深刻度も十分には伝わりません。**表情、しぐさ、声のトーンでわかることは想像以上に多い**のです。

直接会って話せると、状況を見誤るリスクも軽減します。

悪い話というのは、ただでさえ保身や主張といった、人の意思が入って情報が曲げられていることが多いものです。また聞きであれば、なおさらそれが増幅されて、事実ではない情報に深刻に対応してしまう、という危険な状態を引き起こします。

大きな組織であればあるほど、だれかの推測による情報は、伝言を介してまるで事実のように伝わります。

トラブルに遭遇したら、必ず情報源に近い人と直接会って話すことを心がけることで、このような事態を回避するようにしてください。

キャリアや人事、人間関係などのトラブル相談も、メンバーにとっては非常に重大な相談ごとです。メンバーのもつ課題は、個人的なものであってもチームの課題ですから、これも必ず対面で話します。

リーダーはメンバーと直接その件で面談をもつ前に、概要が耳に入るものですが、**直接会って話すと、当初聞いていたものとはトーンがまったく違うことがよくあります。**メールや電話では聞き出せなかったことがわかったり、表情やしぐさを見て質問の角度を変えたりすることで、深掘りすることができるのです。

「百聞は一見に如かず」とは使い古された言葉ですが、その分、実践の価値のある名言なのです。

CHAPTER.4

5 全権掌握する

トラブルに対応するときも、リーダーは、メンバーを信じてできるだけ権限を委譲しつつ、自主性を尊重し、成長をうながすべきでしょう。

ただし先方に対して、今すぐ損害を与える可能性のある緊急性の高いトラブルについては、この対象ではありません。

これは「任せる」べきときではなく、すべての権限と情報を自分に集中させ、すぐ対応をとる態勢をととのえるべきシーンです。

具体的にはまず「ここはリーダーである自分に任せてほしい」「関連情報はすべて私に集めてほしい」ということを明確に宣言し、メンバーや関係部署と連携します。

解決に必要な情報は何で、だれが対応可能か。対応できる人の仕事の配分についても、その案件の優先順位を上げた上で、必要な措置をとります。

解決にあたるときは、**「だれが」「今、何に対応し」「いつその結果が出るか」を常に把握し、推移を見守ります。**そして収束の兆しが見えるまでは、チームと自分の中での優先順位を上げたまま、決して目を離さないようにするのです。

このトラブルが、あなたが手に負えないような専門的な領域で起こったときは、どうでしょう。

もしあなたが「自分以外の専門家（メンバー）が現場解決にあたったほうがうまくいく」と判断するなら、その案件はその人に全権を掌握させ、現場のリーダーに任命する潔さも必要です。

リーダーはあくまでも役割にすぎません。

ケースバイケースではありますが、案件ごとに適切なリーダーを選び出し、最も適任である者に現場の解決にあたらせ、自分は全体を俯瞰し指揮をとる、という方法も緊急時にはありえることを覚えておくといいでしょう。

CHAPTER.4

6

矢面に立つ

リーダーはクライアントや他チームとのトラブル交渉のときは、必ずチームの前面に立ち、**「最終ラインは自分が守る」という意識をもつ**ことが大切です。

たとえ専門性が高すぎて、すべての内容に精通していなかったとしても、また、それが前任者の残した負の遺産であったとしても同じです。そしてこのときメンバーには、仕事を部分的に任せるとか、支援を受けることはあったとしても、**逃げているように見えることは絶対に避けなければなりません。**

私自身も他チームとの交渉になったときは、情報収集や資料作成などの作業をメンバーに任せることはありますが、代わりに自分は、チーム外からの非難や追及など、メンバーの作業を妨げるものを吸収することに全力を注ぎます。飛んでくる矢をしっかりと受けていれば、どんなトラブルのときも、精神面も含めて助けてくれるメンバーは必ずいます。

前任者時代に発生した問題を引き継いで、それを長期間かけて解決までもっていったリーダーを何人か見てきましたが、その人たちに共通していたのが、**「絶対に愚痴を言わないこと」**そして**「自分のこととして受け止めていたこと」**でした。

実際には、自分が原因をつくったわけではないにもかかわらず、非難を一身に受け続けるのです。思うところは多いはずですが、愚痴を言わない。それを見た周りのメンバーは、背景がわかっているだけに、苦しいけれど支えようという思いをもつのです。

しかしときには、矢面に立ちながら、どうしても解決に至らず**責任をとってポジションを譲らざるをえないこと**もあるかもしれません。

その場合は前任者としてできるだけ準備をしたあと、後任に引き継ぐようにしてください。残念ですがこれもリーダーがとるべき責任のとり方の一つです。

CHAPTER.4

7

チームを守る

チームで取り組んでいる仕事を進めるとき、現在のやり方を変える必要があると、**社内であっても利害が対立する**ことがあります。これを解決するのが「**政治**」です。

このときかかる圧力によっては、今までメンバーががんばってつくり上げてきたことが無になりかねないことがあります。こんなときもリーダーの出番です。**こうしたトラブルを切り抜け、場合によっては政治をうまく利用することも、リーダーに求められるスキルです。**くだらないと思われますが、残念ながらこれはどんな組織でも同じです。

このようなときはまず、リーダーが態度を決めます。

次に、メンバーに対して状況の説明と、それに対するチームの態度を説明します。

もし、状況にしたがわざるを得ない場合は、その理由をメンバーが納得のいく形で説明します。逆に対抗措置をとるのであれば、チームに協力を依頼して、具体策を示します。

社内で政治的対立があるとき、リーダーはチーム以外のメンバーからの批判を浴びますが、状況にしたがわざるを得ない場合は、チーム内部からの批判を浴びます。

これはリーダーシップの危機です。ここではメンバーの納得を得るために、論理と感情を駆使して説明することが求められます。

このときどちらの態度をとるにしても、「仮想敵」をもつと、チームが一つになりやすくなります。**仮想敵はもちろん「問題」や「課題」それ自体であり、特定の人物や組織ではありませんので行き過ぎは禁物です。**

「仮想敵」に勝ったとき、チームは一段高いレベルで団結していることでしょう。

CHAPTER.4

8

メンバーの顔をつぶさない

問題を起こそうとして仕事をしている人はいません。問題が起きた時点では、たいていのメンバーが責任を痛感し、反省しているものです。

それ以上の追及は、傷口に塩をぬる行為です。**塩をぬって傷が回復する例はあまりありません。**あなたがリーダーなら、解決や再発防止に専念するべきでしょう。

もし責任が明らかであるにもかかわらず、メンバーが人のせいにしようとしているなら、自覚をうながすための追及も必要です。これは再発防止に向けた改善策になるからです。

でもこのときも、人前でのつるしあげは絶対に避けなければなりません。

そうするだけの正当な理由があったとしても、理由の如何を問わず、メンバーは顔をつぶされたと感じるからです。

顔をつぶされた側は何年たってもそのことを憶えていて、その後の関係に悪影響を及ぼします。これは必ずお互いにとって不幸な結果を生むものです。

メンバーの側が真に問題を起こした責任が明確であれば、評価や配置、規程にもとづく措置など、他の形での責任のとらせ方があるはずです。これは会社の制度にもとづく淡々とした措置ですので、「だれかに顔をつぶされた」という発想が起きる余地がありません。

一方、本人のいないところで「あれはAさんの失敗」などという形で問題と人を関連づけたコメントをすると、これは改善をはじめとした前向きな結果につながりません。しかも**あなたが発言したことは、尾ひれがついて必ず本人の耳に届きます。**

これは人前でその人の顔をつぶすのと、まったく同じ意味をもつものです。

CHAPTER.4

9

自分のミスは素直に認める

リーダーは間違わないほうがいいですが、**リーダーも人間ですからもちろん間違うことはあります。**このミスがチームにとって致命的なものでなければ、そのときはメンバーの力を借りて修正すればいいだけの話。むしろこのとき「自分は間違っていない」と主張し続けるほうが、傷は大きくなります（たとえその主張が論理的であっても、です）。

修正が必要なときは、まず自分が間違った判断をしたことを素直に認めることです。これもリーダーにとっては古くて新しいテーマで、中国古典の『論語』にも私の知る限りで、４カ所にこれと同じ主張が説かれています。

では、なぜ間違いを認めることが重要なのでしょうか。

メンバーは自尊心が先に立つ人よりも、正直な人についていきたいと感じるからです。さらには体面を保つためにミスを認めずあれこれ言い訳することは、その後の修正を遅れさせます。

ミスを認めなければそこにとどまりますが、認めることで次へのステップがはじまるわけです。

ただし一度ミスを認めて謝罪したあとは、むやみに何度も謝罪し続けないことです。

「さっきはごめんな」「本当に悪いと思っている」などと連呼することは、あなたを「いい人」にすることはあっても、「ついていきたいリーダー」にする効果はありません。

メンバーに「申し訳ない」という気持ちがあるのはわかりますが、やるべき修正の作業に集中し、その作業を完了させたあと、協力してくれたメンバーにお礼とともに伝えるときまで、謝罪の言葉はとっておきましょう。

CHAPTER.4

10

安易に謝罪しない

法律や常識など、客観的に考えて自分たちの非が明らかなトラブルの場合、リーダーはチームを代表して謝罪する必要があります。

でも、交渉や商談において、**主張の違いが原因のトラブルのときは、たとえクライアントからの苦情であっても、リーダーは安易に謝ってはいけません。**

あなたはリーダーです。リーダーの言葉はチームを代表するものです。メンバーが、相手と交渉して一生懸命トラブルを解決しようとしている中、リーダーが相手側に立つような発言をしてはならないのです。たとえば、

交渉相手「これ、高いよ。もうちょっとなんとかならないの?」

メンバー「いえ、必ずしもそうではありません。今回、付加価値として……」

リーダー「申し訳ございません。早速再見積もりしてまいります」

となったら、メンバーは立つ瀬がありません。「どっちの味方なんですか」ということになります。

苦情に対しても、

交渉相手「あなたのチームの××さん、おかしいよ。まったく対応してくれない」

リーダー「本人も考えがあってのことだと思います。確認して連絡させます」

と切り返し、安易な謝罪は入れないようにすることです。もちろん、帰社したら本人と会話して、確認します。

もし、交渉相手の気がおさまらない状況にまで至っている場合は、事前に「演じるからな」と申し合わせ、謝罪に行って相手を落ち着かせるなどの措置をとれば、メンバーを売らずにその場を収めることも可能です。

CHAPTER

5

チームを前進させるコツ

CHAPTER.5

1 とにかく決める

リーダーの仕事とは何か、という問いを極めると、**「決める」**こと、そしてその結果を**「伝える」**ことの二つだと思います。

意思決定をしないリーダーは、伝えるための内容をもたないわけですから、何もしていないのと同じです。**これではチームは前進しません。**

かつて日本に赴任していたアメリカ人のエグゼクティブが「日本のリーダーに足りないものは？」と問われて**「Decisiveness」**と即答していました。これは「明白さ」「断固(確固)たること」「決意の表れ」といった意味ですが、あいまいさの逆というニュアンスでしょうか。

調和を重んじる日本の文化にどうこう言うつもりはありませんし、合議制は意思決定の手段の一つです。でも、この文化の中にいると**「決めること」を自分の仕事と**

認識していないリーダーがいるのも事実です。このアメリカ人エグゼクティブはそこを指摘したのでしょう。

メンバーが経験や権限、情報が足りないために相談にくることは多いと思います。そのときリーダーは、必ず何かしら意思決定をすることが大切です。「今回はAで進めてください」「あとは私に任せてください。××部長と交渉します」といったイメージです。

「ふーん。了解」とか「どっちでもいいんじゃない?」、「時間切れだから失礼するよ」というのは仕事をしていないのと同じです。

メンバーに対して何かしら方針を出せれば、メンバーは次の段階に進めます。もしそこに修正が必要になったらそのときすればいいのです。あなたが決めずに同じ場所をぐるぐる迷わせることが、チームが目標に近づくための最大の障害です。

「何も決めないことに劣る決断はない」と信じてください。

CHAPTER.5

2 一貫性を保つ

一度方針が決まると、メンバーは一斉に動き出します。現場での細かな決断はメンバーにゆだねられ、あなたの方針にしたがい進んでいきます。

ここでメンバーに対して、リーダーであるあなたがやってはならないことがあります。それは**前回言ったことを理由なく覆すこと**です。

方針Aをとったはずなのに、それと矛盾するようなコメントをしたり、「そんな方針にした覚えはない」と言い切ったりすることです。

これをやってしまうと、完全にチームはストップします。

さらには言うことがコロコロ変わると、思いつきで意思決定しているととらえられ、メンバーの目には、あなたが気分屋に映るでしょう。

「今決めてもどうせ変わるんでしょ」「リーダーがそのときの気分で決めるのだから、

メンバーである自分は現場で決められない」と思われると、チームはまったく前進しません。

このような状況を防ぐには、あなたが明確な基本方針（ビジョン、目標など）を常に頭の中にもち、それを繰り返し**自分自身で反芻**するとともに、メンバーとも、ことあるごとに**共有**することです。

「われわれが掲げたビジョンに照らし合わせると、この場合はA」「われわれの方針に矛盾しない限り、そこはあなたにお任せします」といった具合です。

このような「共有された基本方針」がないと、リーダーであるあなたが毎回最善の判断をしたとしても、メンバーとの認識のブレが生じます。**そうなると「気分屋」「ポリシーがない」、果ては「上になびいている」といった無用なそしりを受けかねません。**

「共有された基本方針にもとづく一貫性」。

これこそがチームを前進させるキーワードです。

CHAPTER.5

3

朝令暮改を恐れない

前項と一見矛盾するタイトルですが、これもチームを前進させるためには必要な要素です。

状況が刻々と変わる中で、一度決めたからといって、盲目的に一貫性に固執するのも、それはそれで問題です。

「変えること」そのものが悪いのではなく、「客観的な根拠なく変えること」が問題なのです。経済や政治から、クライアントや競合他社の状況まで、チームをめぐる環境は日々変わっています。リーダーも勝つために変わってはいけない理由などありません。**一貫性と朝令暮改を両にらみで舵をとるのがリーダーなのです。**

周りの環境の変化を見てリーダー自らが判断をして、方針を変えることを決めたなら、根拠を添えてメンバー全員と共有します。

それによって影響を受けるであろう作業や関係部署に対しては、連絡を十分にとるようにしてください。あとから「方針変更など聞いてなかった」と言われることを避けるためです。

さらにつけ加えれば、**変えるのであれば迷っている時間は短いほうがチームにとって有利だということ**です。変化の兆しをとらえたら、より先取りして状況を判断し、より早くメンバーとコミュニケーションして動き出すことこそが、チームを前進させるコツです。

私は、朝令暮改をするときは、事前予告するようにしています。

「先日決めたAですが、近いうちに変更の可能性があります。必要なときにはお知らせしますが、心積もりをお願いします」。

こうすることでチームがスムーズに対応できるようになるのです。

CHAPTER.5

4 「やるべきこと」と「やりたいこと」の二軸で考える

リーダーはチームを前進させるとき、その仕事を、次の二軸で考えます。

①チームとして「やるべき」か「やるべきでない」か。
②チームとして「やりたい」か「やりたくない」か。

会社や事業部など上の方針や、客観的な理屈から見た軸が①です。そしてリーダーであるあなたとメンバーの意思が②。一番いいのはもちろん、「やるべき」ことが「やりたい」ことであるときです。このときはいかにその目的を達成するかについてのみ集中して考えればチームは前進します。逆に「やるべきでない」ことで「やりたくない」ものは手をつけなくていいものなので、意思決定は簡単ですね。

リーダーの真価が問われるのが、チームとして「やるべき」ことが「やりたくない」ことであるときです。業績不振のあおりからチームを縮小する、目標が未達で担当していたマーケットから撤退する、などがその例です。**このとき自身やメンバーの感情に流されて「やりたいこと」を追求すると、チーム全体を危険にさらします。**

気持ちはわかりますし、もう少し続けたら何か光明が見えるかもしれません。これがもし、個人の活動であれば、結果はどうあれ思いを遂げるというのは、選択肢の一つでしょう。でもチームを前進させるには、ここはリーダーが冷徹になるしかありません。理で説き、メンバーを説得し、長期的にはこの判断が正しいことを納得させなければ決してチームは前進しません。

ではリーダーが「**やるべきでない**」**ことを**「**やりたい**」**と考え、チームに強要する**のはどうでしょう。法や道徳にふれることは論外ですが、ビジネスや会社の意向を鑑みず、自分のやりたいアイデアをゴリ押しするのは、メンバーに対するポジションの乱用です。

チームをどこに導き前進させるか。それを決めるのもリーダーなのです。

CHAPTER.5

5

キーワードを浸透させる

私は、幸か不幸か20歳代の頃、何度か転職を経験しています。そのうちのある会社に中途入社したときのことです。入ったばかりの会社なので新しい刺激も多く、興味深くいろいろ観察していました。

このとき最も印象深かったのが、役員から中堅、若手社員まで、会う人、会う人がみな、ことあるごとに**「社長の言葉でいう○○」「これが、社長が目指すところの□□」**という形で、会社のリーダーである社長の言葉をひき、**同じ言葉を使っていた**ことでした。

その会社は、社員の意識も高く、団結していて、雰囲気の明るい会社でした。そして、ビジネス面でも右肩上がりの好業績を継続していました。

キーワードを掲げる組織は数多《あまた》あります。ほとんどの企業がそれを掲げていると思います。

でも問題はその**浸透度**です。リーダー自身がその言葉を自分の言葉として常に意識しているでしょうか。それだけでなく、ことあるごとに繰り返しているでしょうか。「ことあるごと」というのはイベントやイントラネット上だけではありません。**日常の会議**や**資料作成**のときにも意識して使っているでしょうか。

いろいろな組織を見てきましたが、やはり**組織の活力があり、メンバーが前向きに動いているチームは、必ずこのキーワードを共有し、全員が自分のものとして使っている**ように思います。

振り返ってみれば、その内容の是非は別として「戦後復興」「所得倍増」「日本列島改造論」といったキーワードは、国さえもひとつの方向に向かって動かしました。これがチームを前進させるとき、有効でないわけがありません。

CHAPTER.5

6

能動的なチームをつくる

チームスポーツなどは特に、**「勝利」**という明確な目標に向けて、それぞれが自分の役割を、言われなくとも実行します。

スポーツの場合、結果的に勝敗がつきますが、たとえ負けたチームでも、さわやかな達成感があり、メンバーそれぞれがそれぞれの持ち場で役割を前向きに演じる姿は、とても頼もしいですよね。

一方、仕事となると、残念ながらそうではありません。

だれかがだれかに依存したり、リーダーの指示があるまで動かなかったり、というのは日々目にする光景だと思います。これは明らかに負のエネルギーとなり、チーム全体のパフォーマンスが下がります。

リーダーや一部のだれかばかりがメンバーを引っ張り、それ以外のメンバーはあ

とに続く、というチームであってはいけません。それではチームで仕事をしている意味が半減します。リーダーの能力以上の成果が出ない組織になってしまうのです。

チームを一丸となって前進させたいと思うなら、常に、一挙手一投足まで、メンバー自らも考え、能動的に動くことを全員に求めることです。

たとえば通常の報告・連絡・相談のときは、「**あなたはどう思いますか?**」「**あなただったらどうしますか?**」「**私に何をしてほしいですか?**」とメンバーに問い続けてみてください。相手がキャリアが浅いメンバーであっても同じです。若いうちから自分で考え、能動的に動くことを厳しく求めるのです。

能動的に動いてもらった結果、たとえそれが失敗に終わっても、自ら動いたことそのものを責めてはいけません。むしろ「勝手に動く」くらいでちょうどいいのです。

チームの理念や価値観の範囲であれば、**本人が考えた通り自由にやらせてみる勇気もリーダーには必要だということです。**

CHAPTER.5

7

1対1で話す

チームを前に進めるには、メンバーとのコミュニケーションが欠かせません。

メンバーとは仕事を通じて常日ごろ、多くのコミュニケーションをもっていると思いますが、日ごろ彼らが何を悩み、何を望んでいるかを把握できていないことは、意外に多いのではないでしょうか。

接している時間が長いからといって、必ずしもコミュニケーションが十分とは限りません。定例集会や、飲み会などの場をもっても、それが複数のメンバーで行われるものでは不十分です。メンバー個別のキャリアや、職場の人間関係の悩みについてなどは、やはり同僚がいる前では話しにくいものだからです。

私は就業時間内に、1対1でメンバーと話す機会をなるべくもつようにしています。

これをすることで、今の仕事や、将来のキャリア計画などをじっくりと聞くことができるからです。さらには望まれれば適切なアドバイスを行うこともできますし、チームとして対応をとらなければならないことがあれば即対応する、といったように、現場の状況を適切に察知する**情報源**にもなるのです。

また、対面で話をしているので、何に悩んでいるか、何を望んでいるかなどの情報を、**表情やしぐさなど非言語のコミュニケーション**を通して知ることができます。

これは定期的、かつ全メンバーと1対1の面談を実施するのが望ましいと思います。気になったメンバーとだけ頻繁に面談するのではなく、全員と、また、チームの規模にもよりますが、突然実施したり、一度会ったらおしまいというのではなく、**定期的に実施**するのがいいと思います。

思わぬ課題を発見したり、メンバーの意外な一面を知ると、のちのチームの前進に役立つことが多いのが、この1対1の面談。細やかに時間を割くようにしてみてはいかがでしょうか。

CHAPTER.5

8

間接的に人を動かす

ある人に行動を起こしてもらい、チームを前に動かしたいとき、本人に直接働きかけるより、間接的にだれかを介したほうが、うまくいくケースがあります。

リーダーであるあなたとの人間関係や、パワーバランスなどが足かせになる場合はこの例です。

たとえば、リーダーから言われると素直に聞けない一方で、同期や若手からお願いされると「やってやろうか」という気持ちが生まれたり、同郷や同窓の人から言われると、すんなり聞き入ることができる人もいるのではないでしょうか。

私も若い頃、ある役員のもとで働いていたとき、組織変革の現場リーダーを任され、行動を変えなければならない社員たちのガス抜き相手(サンドバッグ?)をした経験がありました。あとから気づいたのですが、これも形を変えた間接的なコントロールだったと思います。

直接役員には言えないことも、若手である自分に対しては言いやすかったでしょうし、逆に若手が熱心に変わらなければならないことを説けば、**ベテランも「仕方がない、動いてやるか」という気持ちになるのです。**

のちに私は、このときに知った手法を、リーダーの立場でも使いました。

現場のメンバーが疲弊したり、おとなしくなってしまったりしている状況が何年も続いたため、新たに社員として迎えた若い世代を、徹底的に「ワイルド」に鍛え上げて現場に出し、下から突き上げる形で組織を変えようとしたのです。

この変革は現在進行形ですが、ポスト震災時代に社会人になった今の若いメンバーが、さまざまな組織でこれから活躍することを期待しています。

リーダー本人が直接動くのではなく、その意をより適切なだれかに託してチームを動かすというのも、リーダーには必要なテクニックです。

CHAPTER.5

9 どうでもいい部分は妥協させる

チーム内や、他のチームのメンバーと議論するとき、しばしば**仕事の本来の目的とは関係のないところで議論が白熱**することがあります。

これはちょっとした、表現や態度の問題であったり、だれかのメンツを守るための単なる手続き論であったりすることが大半です。たとえば、

Aさん「私はこの資料は初見なので、内容は知りません」

Bさん「そんなはずはないです。ちゃんと火曜日にメールしました」

Aさん「確認していません。火曜日は外出でメールは見れなかった。そもそもそんな重要なメールなら、一本電話を入れるのが礼儀でしょう」

Bさん「いやいや、ちゃんと開封通知も返ってきてますし。見ますか証拠……？」

――延々と続く。

このやりとり、ムダです。

少し各論になりますが、リーダーとしてチームを前に進めるには、このような場もリーダーが仲裁する必要があります。ちなみにこのときリーダーがやるべき仕事は、事実を突き止めて正しいほうを認定する、ということではありません。

正直、正解はどちらでもいいのです。 Bさんの最初の発言あたりで割って入り、「そうですか、では、Bさん、改めてポイントだけ説明していただけますか」と、前に進める一手を打つのです。こうすることで、2人の不満の総量が最少になり、チームの活動が確実に前に進みます。

あなたが当事者になり、言いがかりや誤解を受けたときも同じです。**正しいことを言い返すのではなく「ああ、そうでしたかね」と受け流す**のです。

ある世渡り上手な人が言っていました。世の中、「ですよね」と「ですかね」で大体わたっていける、と。どうでもいいことに使っている時間はないのです。

CHAPTER.5

10

細かいことはあえて言わない

各論ついでにもう一つ。

ちょっとした資料の**誤字脱字**に代表されるような細かなことに、リーダーがいちいち気を遣うのは、私は賛成できません。「神は細部に宿る」が仕事を進める上で真実、というのは私も大賛成です。でも、それを先頭に立って指摘するのはリーダーの仕事ではありません。

第三者からすると、**瑣末《さまつ》なことを、さも重要なことのように指摘しているリーダーは、小さく映り、信頼に足る人物には見えません。**

このときのリーダーの仕事は、細部まで完全に仕上げることの重要性を、メンバーに気づかせることです。そして再発させないことです。

具体的には、一つひとつを「間違っているよ」と指摘したり、赤字で訂正したりする代わりに、そのような間違いがあるのに気づいたら「あとで誤字を再チェックしておいてください」とか、共同作業のケースであれば、チームメンバーの一人を「あなたに最終チェックを担当してもらいます」と任命するなどの方法をとります。

個別の指摘と、まとめてだれかに頼むのとでは、それだけ見るとあまり差はないように思いますが、実は雲泥の差があります。

個別の指摘に使うリーダーの時間もさることながら**「あとでリーダーが詳細に見てくれる」という考えをメンバーがもつことで、むしろ細かな間違いは減るどころか増える**のです。微細なことは重要ですが、メンバーでもできること、そして最低限やるべきことはやってもらうべきです。

明確に「このレベルの最終責任はメンバーにある」ことを認識させて、自分の時間をより価値あることに使うとともに、メンバーの意識向上をうながしましょう。

CHAPTER.5

11

「私たち」と言う

リーダーを含めた全メンバーが一丸となっているチームの推進力は力強く、その力は継続するものです。当然、日々チーム内で、意見の衝突や感情の行き違いなど細かな問題はあるものですが、こうしたチームはそれをすぐに吸収し、もと通り前進する**回復力**を備えています。

地味ですがこうした**チームの一体感**をつくり出すとき、常に「**私たち**」「**僕ら**」など、複数形の人称代名詞を使うというのも効果的です。

たとえば、企画書をチーム外に説明するとき、それがメンバーのだれかが作成したものだったとしても「**私たちの企画書**」と言ったり、議論のときも「**僕たちはそうは考えません**」という表現を使うことで、「みんなの仕事」という意識を高めます。

リーダーがこうした表現を使うと、メンバーや特に新しく加わった人、キャリアの浅い人などはうれしいものです。

さらにいえば、**本来「あなた」とか「君」といった二人称を使うべきときに、この「私たち」「僕たち」を使えると、効果が高まります。**

たとえば、仕事の範囲を限定したがるメンバーに対しては、「それ、あなたの仕事ですよね」と少し強いトーンで話すのではなく、**「それって私たちの仕事ですよね」**と言うだけで、ずいぶんと与える印象が変わります。

前者は突き放すような雰囲気を含んでいますが、後者は反発する余地が、かなり少なくなるのを感じていただけると思います。

この言いかえを意識して繰り返すと、チームの空気が変わってくるのを感じるはずです。そしてメンバーのだれかがあなたと同じように「私たち」を使いはじめたとき、チームは大きく前進します。

CHAPTER.5

12 現場を見る

リーダーになり、さらにポジションが上がっていくと、つい現場から離れがちになるものです。

大ヒットした映画の有名な台詞で「**事件は会議室で起きてるんじゃない、現場で起きているんだ**」というのがありましたが、やはりすべては現場にあるというのは真実です。

リーダーが現場に行けない、または行かなくてもいいような組織は、何か問題があるはずです。とはいえ、ただ闇雲に現場に行けばいいかというと、そういうわけではありません。リーダーは目的をもって、具体的に意味のある現場訪問をしなければなりません。

普段から足繁く通っているのであれば有意義なものになりますが、そうではない、

赤じゅうたん露払いつきの視察では、あなたのポジションが上がれば上がるほど、現場の人は事前準備や案内の負担が増えるだけです。**「正直、激励という名の視察だけならこないでほしい」とメンバーは全員、思っています。**

ある銀行窓口でのことです。手続きのためカウンター前に座っていたところ、突然「専務がいらっしゃいました！」という声がして行員のみなさんが起立し「専務」とおぼしき男性のほうに一礼をしている光景に出くわしました。顧客を放置して「視察」対応しなければならない行員のみなさんはつらかっただろうと思います。

一方、先日銀座の有名ファストファッションの店に行ったとき、社長がお供も連れず、売り場の角に立って店内の動きを見ていました。売り場の社員のみなさんは社長がいないかのようにいつもの接客をしていました。普段からよくあることなのだとすぐに察しがつきました。

飾られた「現場」を見ても何もわかりません。リーダーはチームを前に進めるためにも、普段から現場と接点をもつ工夫をすべきです。

CHAPTER.5

13 「言い訳」でなく「解説」する

チームを前進させることが、結果的にうまくいかなかった場合、なぜそうなったかを突きつめることは、同じことを繰り返さないためにも必要です。

その結果をメンバーに話し、チームとして同じことを繰り返さないよう経験を共有することもリーダーの役目です。ただこのとき、**リーダーであるあなたが言い訳をしているととられないようにすることが大切です。**

なぜ、人は言い訳をしたがるかというと、「本来の自分はもう少しうまくやれたはずだ」ということを相手にわからせたいからです。ただ、受け取る側はこの手の言い訳を非常に不快に感じます。あなたが虚栄心を満たすためだけに言っており、未来志向ではないと感じるのです。

これはうまくいかなかった理由に一切ふれてはならない、という意味ではありませんし、当然、言葉にして話さなければ伝わらないことです。ただ、話し方にはいくつかコツがあります。

うまくいかなかった状況について客観的に状況を解説したあと、具体的に次につながるアクションを示せるかどうかが、「言い訳」か「解説」かの分かれ目です。

アクションの中には、リーダー自身のアクションが入っていることも重要なポイントです。

「原因は○○です。したがってAさんとBさんには今後、××に注意してほしいです。私も常に注視するようにします」といった具合です。

これを「私の意図は××であった。AさんとBさんは注意してください」とやると完全に言い訳と他責の表現に変わってしまいます。

責任から逃れようとしている人に、ついていきたい人はいないのです。

CHAPTER.5

14 できるだけ手順化する

リーダーのポジションは人事異動などで変わりうるものです。メンバーとともに、新しい価値をつくるためにリーダーは存在していますが、**リーダーが変わるたびに体制がコロコロ変わっては、せっかくつくり上げたものも前進しません。**また、チームメンバーとしても決まったことを実行していたら、リーダー交代で業務処理が変わった、というのでは、チームはストップしてしまいます。

次のリーダーが「当面は前任者のやり方を継続する」といっても、あなたのやり方を間近で見ていた人が内部昇格したなら別ですが、**他から異動してきたリーダーは、知らないものは継続できないので、容易ではありません。**

このような事態を避けるためにも、リーダーは自分が決めてきたこと・つくってきたことが、自分がいなくなったあとも機能するよう、また、新しい人が1日でも早くその価値を発揮できるよう、普段から仕事を手順化するのがおすすめです。

具体的には、決めたことはチーム内で文書化し、進める手順も明文化して、メンバーがいつでも見られるよう共有します（決めた経緯や時期もわかるようにしておきます）。メールも履歴を残して、だれもが見られるようにしておきます。

こうしておくと新しいリーダーやメンバーが加わっても、その人たちがすぐ経緯を理解し、一定のレベルからスタートを切ることができます。過去に決まっていたことを改めて議論する時間をとらなくてすむだけでなく、新たな価値を生み出す活動に、より多くの時間を割くことができるのです。

共通化できるところはただ何事もなかったかのようにスムーズに引き継ぐことこそが、あなたの価値かもしれません。

ここまで整えるのが、リーダーの仕事です。

CHAPTER 6

モチベーションを高めるコツ

CHAPTER.6

1 安心させる

いまや、若い社会人の間で、チームワークやリーダーシップの教科書にもなっているコミック『**宇宙兄弟**』。主人公の有名な台詞に「**理想のリーダーは、安心と興奮を同時にくれる**」というものがあります。名言だと思います。確かに不安をもつメンバーは、パフォーマンスなど上げられませんし、モチベーションなどもてません。

メンバーを不安に陥れるリーダーの行動は大きく二つあります。

一つは、メンバーの立場や雇用を脅かすような言動をとること。もうひとつは逆にリーダーらしからぬ自信のない言動をとることです。

リーダーはメンバーから「いつ切られるかわからない」とか、「表面では普通に接しているけれど、腹の中では自分を悪く思っているに違いない」と思われると損です。

それによってメンバーは、仕事どころではなくなるからです。

たとえあなたがまったくそう思っていなくても、十分な信頼関係がないうちは、相手はちょっとしたきっかけ、たとえば**「エレベーターの中で無視された」「メールが返ってこない」というレベルでも、そう感じてしまいます。**

そうなる前に、明確に「現有戦力で最後までいく」「みなさんを絶対的に信頼している」という意図を伝え、メンバーを安心させることが大切です。

またリーダーは、突然何かが起こったり、よくない状況が続いたりして、内心は不安がないとはいえない状況であっても、意に介さないようふるまうことも大切です。

たとえば私は飛行機が激しくゆれると、つい不安になって客室乗務員の顔をうかがってしまうのですが、よく訓練されているのか、みなさんまったく動じず淡々と職務を遂行しています。それを見るとほっと安心させられます。

リーダーとはメンバーにとってそんな存在であるべきです。

安心は、モチベーションやパフォーマンスの大前提なのです。

CHAPTER.6

2

関心をもつ

「愛情の反対は憎しみではなく無関心」とマザー・テレサが言ったように、リーダーがメンバーに無関心であってはいけません。

まずリーダーは、どんなことがあってもメンバーを好きでなくてはなりません。

しかもその思いについて、メンバーから見返りを求めてはいけません。「自分がこれだけ目をかけてやっているのに」という思いは、リーダーの勝手であり、メンバーの行動を拘束するものです。

こうした強い思いは、ともすると過干渉につながります。過干渉はプロフェッショナルにとっては足かせや成長の妨げにしかなりません。**思いが強いあまり、干渉しすぎたり見返りを求めたりして、逆に周りから人が去っていった若いリーダーを、私は何人も見てきました。**

かくいう私も、これは自身の失敗経験から学んだことでもあります。当初は見返りを求めた結果、「裏切られた」とすら思ったこともありました。しかしむしろ**「人は裏切る権利ももっている」**くらいに思っておくと、結果的に肩の力が抜けてうまくいくことも学びました。

私の場合、職場でメンバーに心を砕くケースというのは、普段の何気ないコミュニケーションを通じて、というのが多いかもしれません。

家族のこと、趣味のこと、故郷のことなど、**相手が気軽に楽しく返せるような会話をパターンとしてもっておきます。**それをちょっとした時間、たとえばランチのときや帰り道が一緒になったときを見つけ、意識して投げるのです。

普段の会話から、相手の考え方や感じ方のヒントは多く出てきます。もちろん自分自身のことも話します。そこで自分との共通点を見つけたり、お互いの視野が広がると、**結果、そこから信頼関係が生まれ、メンバーのモチベーションは少しずつ高まりを見せはじめます。**

CHAPTER.6

3 悪口を言わない

リーダーたる立場に立った人は、本人がいないところでメンバーの悪口を口にしてはいけません。これは自分のチームのメンバーであろうと、他チームの若手に対してであろうと同じです。

それがたとえ公平な評価であったとしても、あなたの発言は悪口とみなされ、百害あって一利なしです。

なぜならまず、「悪口」を直接聞かされているメンバーの中で「そうだ、リーダーの言う通り、あの人はダメだ」とか、「リーダーの指摘はすばらしい」と感じる人は皆無だからです。それどころか「**この人は、自分のことも同じように他の場所で、悪く言っているんだろうな**」と想像します。

また、**そういう話は、必ず本人の耳に届くものです。**そうなった時点で言われた本人は、仕事に向かう気持ちを一気になくしてしまいます。

確かにそのメンバーには、何か欠点があるのかもしれません。

でもそれでもリーダーは、本人のいないところで、それを口にしてはいけません。あなたが「悪口を言っていた」と伝わるからです。

もし、本人の言動に修正の必要があるのであれば、直接本人に伝えるべきです。

悪口は言われた人のモチベーションを下げ、リーダーの評判を下げます。つまり、悪いことばかりなのです。利点があったとしても、せいぜいリーダー自身のストレス発散程度でしょう。ストレスがたまったのであれば、だれかの足を引っ張らない方法で解消することを考えるべきです。

「悪口は飲み込む」。これがリーダーの鉄則です。

CHAPTER.6

4 やる気に火をつける

人は、だれでも「今より成長したい」と思っています。

中には「そんなはずはない。あいつだけは違う」と実例を添えて言う方もいますが、**それは100%間違っています。**全員、心のどこかに成長への思いを必ずもっています。たとえ本人が「もう成長したくない」と言ったとしても。

メンバーのモチベーションが低いと感じるなら、それはあなたがリーダーとして、メンバーの成長意欲に火をつけられていない証拠です。


人は自分の理想と、目の前の現実の間に大きなギャップがあるとき、そしてそれを埋められそうにないとき（あるいはそもそも理想をもつことすらやめているとき）、心の火が消えかかります。火が消えた状態が長く続くと、人は無気力への道を進みます。こうなると再び火をつけるにはかなりの力が必要です。

ではその気持ちに火をつけるには、どうすればいいのでしょうか。

最初にやらなければならないことは、向かうべき方向を本人にもたせることです。

「夢」「希望」「理想」「妄想」「目標」「キャリアゴール」……何でも結構です。メンバー自身が向かいたい方向を引き出すようにしてください。はじめそれは裸眼で視力検査を受けているときのように、ぼんやり見えるものでも結構です。経験を積んで、キャリアが積み重なるうちに、いずれ輪郭はくっきりしてくるものだからです。本人が「これは違う」と思ったら、そのとき微調整すればいいのです。目標は具体的であるほうがいいと思いますが、最初は漠然としていていいのです。

これが出てきたら、リーダーであるあなたはメンバーに対して**「その看板を掲げ」「常にファイティングポーズをとり続けること」**を求めるとともに、応援を約束します。

ここからメンバーの意欲が生まれ、モチベーションが高まるのです。

CHAPTER.6

5 方向づけをする

「こうありたい」と自分の目標を掲げ、向かいたい方向が決まったメンバーが陥りやすい落とし穴があります。

それは、モチベーションを向ける方向を見誤ることです。

たとえば**脈絡のない転職**や、仕事にマイナスの影響が出るような**キャリアアップと称した業務外活動**をはじめることもその一つです。これをやってしまうとメンバーはときに路頭に迷い、いわゆる「自分探し」や「新卒3年以内の離職」につながります。

実はこれは、私が20代に転職を繰り返したときの実感にもとづくものです。

リーダーはメンバーに対して、まずは日々の仕事で工夫することにこそ、目標への近道があることを、うまく伝えなければなりません。

たとえエクセルの表を1枚つくるという作業にも、「将来起業する」という大きな夢へつながる工夫があるはずです。わかりやすいエクセルの表を、正確に早くつくる工夫は、将来のビジネスプラン作成につながるかもしれませんし、将来その人がリーダーとしてメンバーをもったときに指導することもできるでしょう。

こういう人に「耐え続ければ、いつかいいことがあるから、我慢してこの仕事をやろう」などと、論理性に欠く「根性論」を説いてしまうと、悩みを助長することにつながります。そんなことを言われたら「やっぱりこの人にはわかってもらえない」とメンバーは離れていってしまいます。

今の仕事がメンバーの将来の目標に、どのように貢献するかを関連づけて示すのがリーダーの仕事。小さな成功体験によって少しずつ成長させ、目標に近づいていることを実感させるよう仕事の配分をすることで、モチベーションを保たせます。

やる気に目覚め、成長している実感をもつ人は、エネルギーを放ちはじめます。よい循環の輪がまわり出せば、驚くほどの成長を目にできる日も近いはずです。

CHAPTER.6

6

「話す」より「聞く」

以前、とある社員満足度調査の結果を眺めていて、印象的なデータを見つけました。「上司とのコミュニケーション頻度は十分である」という項目について、「そう思う」と回答した社員が多い一方、「上司は自分の話を聞いてくれる」という項目には、「そう思わない」と回答した社員が多かったのです。

「コミュニケーション頻度が十分」にもかかわらず、「上司が話を聞いていない」ということは、リーダーが一方的に話し続けているということです。これではメンバーが不満をいだいていることが、容易に想像できそうです。

リーダーとメンバーはその役割分担上、リーダーのほうがより大きな権限をもちます。そして経験による情報の蓄積も多いため、伝えたいことが多くなり、**つい自分**

から一方通行で話し続けることになりがちです。

メンバーが聞いてほしい話があるにもかかわらず、リーダーが話し続ければ、メンバーは黙らざるをえません。当然、うなずいたり理解したフリをしたり、最後にはお礼も言ってくれるでしょう。でも**内心は、話を聞いてくれないリーダーに不満をもっているはずです。**

メンバーや仕事に対する思いが強いリーダーほど陥ってしまいがちなこの状況ですが、ここはグッとおさえ、メンバーの話を聞くことに多くの時間を使いましょう。

たとえ聞くだけでも、メンバーのモチベーションは上がります。

かくいう私も話しすぎる傾向があるので、簡単でないことはよく理解しています。会議の場であろうと、1対1の面談であろうと、リーダーの話す時間は少なければ少ないほどいいのです。

CHAPTER.6

7 任せる

将来有望でモチベーションが高いメンバーほど、仕事を自分の思うように進めたいと思うものです。こうしたメンバーに恵まれたリーダーは、どんどん仕事をメンバーに任せるべきだと思います。そうすればあなた自身がより付加価値の高い仕事や、支援の必要なメンバーに時間を割くことができるからです。

「任せられるメンバーがいない」という方もいるかもしれませんが、そういう場合はえてして、リーダーの側に原因があることが多いものです。

これは子離れと同じです。子どもは**「やらせてくれれば一人でできる、やりたい」**と思っているにもかかわらず、親は**「まだまだ危なくて、やらせられない」**と思い込み、経験するチャンスの芽をつんでしまっているのです。

子どもなら反抗という形でその抵抗を示しますが、ビジネスの場になると、これはメンバーのモチベーションの低下を招きます。

長い目で見るところの状況を防ぐには、勇気をもって仕事を任せるのが一番です。ある程度頻度を高めに作業をチェックをするとか、何かのときに対応できるよう自分の時間に余裕をもたせるなどの配慮は必要ですが、万が一失敗しても致命傷になる前に尻拭いできると判断できれば、どんどん任せるようにしてください。

ただし仕事の「無茶ぶり」「スルーパス」は、任せたことにならないので注意するようにしてください。

絶対にできないような難易度や量、納期の仕事を与えたり、降ってきた仕事を何の方針も付加価値も加えずメンバーにただ渡すだけでは、リーダーの存在価値は「ゼロ」です。メンバーのモチベーションを低下させるという意味では「マイナス」であるかもしれません。

任せるにもそれなりの責任と勇気が必要です。でもこれに成功すれば、メンバーのモチベーションは一気に高まりを見せるのです。

CHAPTER.6

8 大人扱いする

前項ではメンバーのモチベーションアップを、子育てにたとえましたが、そうはいっても相手は大人です。大人を相手にするときは、メンバーとリーダーの関係であっても、**一定の尊敬をともなった関係**であるべきです。

たとえ一部のメンバーと特に仲のいい関係であったとしても、仕事中のコミュニケーションは他のメンバーと同様であるべきです。

「おまえさー」「○○ちゃーん」と話しかけてしまった瞬間から、友人か子どもに対する態度になることに気づくべきです。そうなると、メンバーはプロとして期待されているとは感じず、甘えや妥協の原因をつくってしまいます。

大人として扱い、呼びかけは「さん」づけ、会話は丁寧語で、というのが職場内のルールです。もちろん公私ともに仲よくしているのに、形式ばれと言っているわけではありません。使い分けるべきだということです。

仕事とオフ、それぞれの関係をつくることはそれほど難しいことではありません。

以前、ある政治家の方から面白い話を聞いたことがあります。この方が与党の幹事長を務められていたときの話です。

大学の運動部の年次の序列は絶対で、いったん序列が決まると、そのあと何があろうと入れ替わることは永遠にないというのは、ご存知の方も多いと思います。あるとき体育会の大先輩に当たる某官庁の局長が、仕事で幹事長室を訪れたとき「幹事長、ご説明いたします」と淡々と敬語で説明をされたあと、会議を終え、幹事長室を出たとたん「おい○○（呼び捨て）、今度のゴルフだけどな……」とプライベートの顔に戻って楽しい会話がはじまったというのです（与党幹事長は中央官庁の局長より職務は上にあります）。この妙はとても心地よかったと、幹事長は話していました。

親しき仲でも仕事上は一定の緊張感があったほうが、モチベーション高く、よい関係を継続できるのです。

CHAPTER.6

9

相談する

「相談する」というタイトルを見て「相談にのる」の誤植じゃないか？　と思われた方も多いと思います。でもこれは誤植ではなく、文字通り、リーダーがメンバーに相談をもちかけることを意味しています。

リーダーはもし、助けてほしいことや、意見を聞きたいことがあったら、遠慮なくメンバーに相談するようにしてください。

従来の考え方からすると、リーダーからメンバーに相談するなんて、プライドが許さないし、メンバーから見下されるのではないか、と心配になるかもしれません。

でもそれはむしろ逆です。

相談された側はどう思うかというと、「自分は頼りにされている」と思うのです。**リーダーから頼りにされたメンバーは、その期待に応えたいと努力します。そして、その結果、リーダーから「助かったよ」と言われるとモチベーションが上がり、より高いレベルで努力をするようになるのです。**

これを繰り返しているうちに、実力がつき、本当に「頼れる」存在になっていきます。

私も初めて「河野さん、ちょっと相談があるんですけど」「ちょっと意見もらえますか？」とリーダーに相談をもちかけられたとき、一人前扱いされたのがうれしく、またくすぐったくて、ニヤけそうな顔を必死で真顔に保ったのをよく覚えています。

特にあなたが期待し、将来次のリーダーを任せたいと思う人材には、より難易度や機密性の高い相談をもちかけるようにするのもコツです。その人たちは「自分はもう、十分リーダーができる」「もしかしたら自分が今、リーダーの椅子に座っていたかもしれない」と思っています。そんな彼らのモチベーションを維持するためにも、「相談する」のはとても有効な手段なのです。

CHAPTER.6

10

情報を積極的に渡す

リーダーはその職責上、会社やクライアントなど、さまざまな方面から情報が入ります。これをできる限り積極的にメンバーに開示するようにしてください。

情報が十分にあれば、メンバーは仕事を進める上で判断材料が増えるため、仕事の質が上がりますし、仕事自体しやすくなります。その面でも、情報開示は有効です。

しかしここでは**「メンバーを信頼して情報を開示する」ことそのものがメンバーの心理に与える影響**に注目してみたいと思います。

リーダーが情報を一手に握ってそれをコントロールすることで、ポジションを築く時代もありました。しかしそれは、かつて情報を開示する手段が限られていた時代の話です。

現代は、インターネットなど公開の場をはじめ、メールや掲示板、SNSといった情報共有の手段が数多《あまた》あります。情報は公開するもの、という前提で社会は動いているのです。

いまや「いかに情報を囲うか」がリーダーの勝負どころではありません。

そんな時代に情報を開示しないリーダーをもつと、メンバーは「**よっぽど自分は信頼されていないんだ**」もしくは「**この人は情報を囲う以外にリーダーシップを発揮する能力がないんだ**」と感じます。

本来なら、当然自分がリーダーから知らされるべき情報を、万が一にも外部の人から知らされようものなら、モチベーションはガタ落ちです。

メンバーはそのリーダーの下で働く意欲をなくします。

もちろん、情報によっては企業や個人にとって機密にあたる情報もあるため配慮は必要ですが、メンバーを信頼して極力情報は共有するようにしてください。

情報共有はあなたからメンバーへの、信頼の証でもあるのです。

CHAPTER.6

11

ライバルをほめる

フェイスブックの「いいね！」や、**ツイッターのフォロワー数**などの量で表される評価が、今の、特に若い世代の人たちのモチベーションの源泉になっているということを聞いたことがある人も多いでしょう。

これは他者の評価を極度に重視する、「時代」のあらわれなのかもしれません。

この**「周りからの評価への執着」を使ったモチベーション刺激策**もあります。

たとえば、1対1の場面で「彼の○○なところがいいと思っているんですよね」と、**メンバーがライバル視している第三者をほめてみる**というものです。

ライバルがほめられると、本人は強い刺激を受けて俄然がんばるようになります。

「こうするといいですよ」と直接本人に伝えるよりも、ライバルをほめるほうが、心に火がつきやすいのです。

私自身も、特定のメンバーを表彰したときなどに、周りのメンバーから「悔しいです。僕も次はがんばります！」という反応をもらうことがあるのですが、このパワーは、**嫉妬や劣等感などとは少し性質が違う**と感じています。

行動が具体的に次に向かっていることもあり、非常に前向きでさわやかなエネルギーを感じます。

また、第三者の行動をほめることは、リーダーがメンバーに対して、何を求めているかを具体的に示すことができる意味でも効果が高いといえるものです。

この前向きでさわやかで、具体的なエネルギーを使わない手はありません。

CHAPTER.6

12

「温度差」を受け入れる

メンバーと接していると、リーダーである自分に比べ、どことなくモチベーションが低く見えたり、頼りないと感じることはありませんか？

「自分がこんなに一生懸命やっているのに、なぜこの人たちは足を引っ張るんだ」と感じることもあるかもしれません。

しかしこの現実は、「こういうもの」として一旦は受け入れるべきでしょう。

リーダーとメンバーでは、見えているものや、入ってくる情報が違うのですから当たり前、と考えるのです。

「北風と太陽」の話ではありませんが、このようなメンバーに対して「気合を入れろ！」と、いきなり自分と同じレベルのモチベーションを強要しても、相手に冷めた目で見返されるだけです。

万が一にも、声に出して「お前たちはたるんでいる」などという主観的なコメントをすることも厳禁です。改善を期待できるどころか逆効果になってしまいます。

ではどうすれば、メンバーの意識や視点を上げることができるのでしょうか。

まずリーダーがやるべきは、自分が今のような意識をもてるようになったきっかけは何だったのか、それはだれが与えてくれたのかを思い出してみることです。「もともと意識は高かった」という結論が出たときは、振り返りが足りません。もっと考えてみてください。**今までの上司や同僚、学生時代の恩師や先輩、家族、**さかのぼっていけば、自分にそのような機会を与えてくれた「だれか」がいたはずです。

次に、その機会をくれた人と同じレベルのことを、自分はメンバーに対してしてあげられているか、考えてみましょう。

おのずと、やるべきことがわかるはずです。

CHAPTER.6

13 失敗してもチャンスを与える

私は、若い頃、仕事で忘れられない大失敗をしたことがありました。

社内の取り組みで、若者ばかりのチームを率いて会社の課題に取り組み、解決策を社長に提言するというプロジェクトのリーダーをやっていたときのことです。

最後に社長以下、役員にプレゼンテーションをする機会があったのですが、連日の深夜作業が続き、当日は完全に徹夜をしていたため、プレゼンの途中で頭の中が真っ白になり、自分で何を言っているのかわからない状況になったのです。

まだ若かったこともあり**「社長や役員の前でこの失態は、会社にいられなくなるのでは」**とさえ思いつめるほどでした。翌日、社長のところに謝罪に伺ったところ「いいんだ、いいんだ。いい経験だよ」と満面の笑顔で答えてくれて「おう、これからもがんばれよ。期待してっからよ」と握手をしてくれました。他の役員も、まるで申し合わせたかのように「**いい経験だよ**」と言ってくれます。

当時は、みんなが優しいから慰めてくれているんだろう、という意味で感謝していましたが、振り返ると本当に言葉通り「いい経験」であったと思えます。

その後、失敗をとがめるどころか当たり前のように、よりやりがいのある仕事につかせてもらい、挽回の機会をもらいました。そこで私は失敗経験を胸に、かつその挽回をモチベーションに、多くの挑戦を繰り返してきました。

3年程トラウマのようにあの経験が頭をよぎることが続きましたが、それも払拭され、今ではあの失敗を心から「いい経験」と言えるようにまでなりました。

今にして思えば、社長はじめ役員たちも、形は違えど失敗から学んだ経験の大切さを身にしみて理解していたのだと思います。

失敗は成長のいい機会です。しかし、そのまま沈んでいく危うい側面ももっています。私は、失敗を機にメンバーを成長させられるリーダーに恵まれました。

そして今では常に彼らのようでありたいと思っています。

CHAPTER

7

人を育てるコツ

CHAPTER.7

1

リーダーはなぜ人を育てるのか？

「リーダーは人を育てるのが仕事」というのはよく耳にする言葉です。
では改めて、なぜ人を育てることがリーダーの仕事なのでしょうか。
社会のため、人としての義務、などいろいろ解釈があるかもしれませんが、私はシンプルに、**リーダー自身のため**と考えるようにしています。

まず第一に、チームの存在意義は、メンバーとともに目標を達成することにあります。そのためにはメンバーの成長が欠かせません。メンバーの成長はすなわち、あなたの（チーム）目標達成のための必須条件（もし、その目標がチームメンバーの成長なくして達成できるものであれば、目標が低いことになります）。だからこそ、リーダーはメンバーを育てることが必要です。

次に、端的に自分の仕事が**「楽」**になります。成長してくれるメンバーとともに仕事を続けると、どんどん仕事を肩代わりしてくれるようになりますので、負担が減り「**楽**」になります。また、そういう人と仕事をすることは「**楽しい**」です。

最後に、リーダー自身がさらに高い目標を達成するための仕事に集中できるようになることが挙げられます。

以上が、メンバーを育てることがリーダーの仕事である所以であり、その醍醐味であると私は考えています。

ときにはメンバーが、リーダーのあなたよりも大きな仕事ができるところまで成長するかもしれません。そのときはますます羽ばたかせ、自分を超えるところまで上へ上へと押しあげてやるべきです（想像するだけで楽しいですよね？）。

「出藍之誉《しゅつらんのほまれ》」という言葉があります。教え子が師匠を超えたことを称える言葉です。メンバーがこう言われることは、リーダーにとって最高の賛辞です。

CHAPTER.7

2

「文句」と「意見」を区別する

リーダーであるあなたのもとには、メンバーからさまざまな相談がもち込まれます。ここでのコミュニケーションは、メンバー育成の絶好のチャンスになります。

もち込まれる相談は雑多なものかもしれませんが、これを(かなり乱暴にですが)、シンプルに分類すると、**「文句」**と**「意見」**に分けられます。

「文句」と「意見」は、似て非なるものです。

「文句」は過去に由来するもので、次につながることが何もないもの。一方「意見」は未来志向で、「このように変えたい」「何かをつくりたい」「これをやりたい」といった新しく価値を生み出すものです。

そこで**「意見」**を言ってきてくれたメンバーの相談にのるときは、意見を出してくれたことを感謝しつつ、どうすればそれがかなえられるか、何が足りないかを一緒に考えることでその成長をうながします。

一方、**「文句」**を言ってきたメンバーには、視点を未来に移すためのガイドをします。たいていは「今、私はこんなに苦しんでいる」とか「先日出された数字は、到底自分は実現できない」とか「同じチームの○○さんが思う通りに動いてくれない」といったものが多くなります。

このとき期待をかけているメンバーには「では、どうすればいいですか」「一度、対案を考えてみてください」と少し突き放し気味に対応します。一方、まだキャリアの浅いメンバーには「あなたに期待することは、文句を言うことではなく、意見をすること」と丁寧にガイドします。

残念ながら改善を期待できないメンバーは、延々と文句が続くだけなので時間のムダです。そういうときはその場を切り上げ、要望を別途文書で提出してもらうことをお願いするようにしてください（めったに提出されることはありません）。

CHAPTER.7

3 昔話をしない

メンバーを育てるときは、当然、リーダーが自らの経験を通して得たものを伝えることになります。しかしせっかく思いを込めて伝えても**「年寄りの説教」**ととらえられ、意図した効果が上がらないことがあるものです。

これは一体なぜでしょうか。

得てして苦労話や自慢話、回顧談で終わりがちな、この「昔話」「体験談」。これは過去の「あなたの環境」での特殊なケース、あるいは単に過去の出来事にすぎず、聞くほうにとっては教訓がなく、「今」を生きるメンバーは、参考にならないと判断するのかもしれません。

「若い頃は毎日タクシー帰りだった」「昔の上司のAさんは厳しくて、書類は5回は提出した」……。

言われたほうは「へえ。大変だったんですね」と言ってくれるかもしれませんが、心の中では「効率悪いだけじゃん？」「バブル時代は余裕があっていいね」と思われがちです。

この手の「昔話」は、雑談ならまだしも、仕事の中で披露しても、お互いに得るものはありません。したがって相手が興味をもって尋ねてきた場合のみにとどめるべきでしょう。

むしろそこから得られた教訓を、**行動につながる未来志向の話に変えて語る**、たとえば文書や研修コースなどにして伝授するのがリーダーの務めです。

こうすることで、「年寄りの説教」が、立派な「箴言集《しんげんしゅう》」に変わり、メンバーにとっても未来志向の教材として、受け入れやすく効果の高いものになるのです。

CHAPTER.7

4 自分の価値観で考えない

どんな企業にも、「エリート部門」とか「社長への登竜門」など、**「出世コース」**といわれる部署があるものです。

これは会社によってさまざまで、それが「人事部」「秘書課」「労働組合」の企業もあれば、創業時からの事業を行う部署である企業もあります。

これらの部署にいる人は、特に昇進昇格など、かつては有形無形の恩恵を受けていました。

そこでこうした組織でメンバーを成長させようとするリーダーは、つい、**「この次は〇〇部（先のラインにのった仕事）を経験すべきだ」**とメンバーにアドバイスしがちです。

組織や人の流動が緩やかだった時代は、これで問題なかったかもしれません。

でも今のような動きの激しい時代に、先のような「モデルキャリア」をベースにしたアドバイスをすることは、正しいとは言えません。

時代時代に合わせたキャリアの積み方があるからです。

必ずしもリーダーになった自分の成功体験が、メンバーにとって有効であるとは限りません。自分と同じ道をたどらせることが、メンバー育成ではないからです。

これをやってしまうと、価値観の押し売りになりますし、チームも画一的になり、そのレベルも一個人のリーダーであるあなたを超えることがありません。

私は転職を何度か経験し、今の会社も所属していた会社が買収され、ある朝起きたら入社していたという経緯もあってか、そんな私の目から見ると**一つの価値観・成功体験に過剰に固執してチームを引っ張ろうとするリーダーは、どうしても人をつぶす傾向が強いように映ります。**

キャリアは人生の一部です。それを決められるのは、最終的に本人だけです。

CHAPTER.7

5

「転職したい」と言われたら

いまや転職は、キャリアアップの一つとして市民権を得ています。したがってメンバーからの**「会社を辞めたい」**という相談は、リーダーなら少なからず受ける機会があるでしょう。そんなとき私は、基本的に本人の意思を尊重するようにしています。ただし、自分自身も転職経験者、かつ周りに成功例、失敗例が多くあることもあり、次のような視点で相談にのるようにしています。

まず**「起業」「選挙への立候補」「留学」**といった本人の**夢の実現**のためであれば、相手がいくら好業績者であっても止めません。むしろ奨励します。リーダーは現時点の仕事仲間にすぎず、人の夢を邪魔する資格はないからです。

長期にわたる低業績者にも転職を奨励します。今の組織に合っていない可能性が高いからです。こういう人は新しい環境で活躍の場を得ることが少なくありません。

慎重になるべきは、このどちらでもないケースです。特に、キャリアの浅い若手は、現状に対する一時的な不満や、長期的に考えればわずかな金銭面の誘惑に流されてしまうことがあります。

これが疑われるときは、次の3点を確認します。この3点に明確に回答できない場合、そのメンバーは路頭に迷う可能性が高いため、引き止めるようにしています。

もし仮に、今の会社と同時に内定を取ったとしてもそちらにいっていたか？

今の会社になくて、次の会社にあるものは何か？

家族の積極的な同意はあるか？

キャリアアップにはやる若者は、甘い話や友人の成功談などに影響を受けやすいものです。ありもしない空想話にさえのってしまうケースも多数目にしてきました。メンバーを、衝動や動揺、安易な誘惑から守るのもリーダーの大事な仕事です。

しかし結果的に送り出すことになった場合は、どんなケースでも、必ず**「戻りたくなったら、いつでも戻ってきていいよ」**と言葉を添えることにしています。

CHAPTER.7

6

1日1%でも成長させる

GEのCEOを長年務めた**ジャック・ウェルチ**は、「ストレッチゴール」を課すことで、メンバーの斬新な発想をかき立てることに成功し、引退後10年以上たった今なお伝説の経営者として名を残しています。

売上げを5%、10%伸ばすための工夫ではなく、5倍、10倍にするという前提に立つと、今とはまったく異なる発想が生まれるため、あえてこのようなゴールを課すのだそうです。

このように、人の能力はストレッチすることで伸びます。

ただし、すべての人にウェルチがしたような、大幅なストレッチゴールを課すと、その重圧に耐えられず、つぶれてしまうメンバーが出ます。

人はむしろ、毎日ほんの少しずつでも、新しい工夫や視点の変更をすることで、継

続的に能力をあげることがあるものです。

『日本でいちばん投資したい会社』(鎌田恭幸著)によると、ペット向け保険のパイオニア「アニコムホールディングス」では、毎朝の朝礼で「**1・01は1・22、1・22は10・89**」と唱えるそうです。

これは、1日1%の成長(1・01倍)を、1カ月続けると、営業日ベース20日で約20%の成長(1・22倍)。それを12カ月続けると10・89倍になる、という意味だそうです。

前の日よりも、1%成長する努力を1年間継続することで、10倍の成長につながるとは驚きです。

極端に高いプレッシャーを与えて焦らせたりつぶしたりするのではなく、発想を変え、昨日より今日、今日より明日と、毎日1%でも成長させるような経験を与えると、あるときメンバーが驚くような成長をとげていることがあります。

そして実はこの方法が、メンバーを育てる最短距離であったりするのです。

CHAPTER.7

7

自分も学び続ける

人を育てることがリーダーの仕事というからには、自分自身が成長することも大事です。メンバーと同じように、そして、できればそれ以上のスピードで自身も学び、伸び続けたいところです。もちろん、リーダー自身の能力向上によってチーム運営の質が上がる効果もありますが、それだけでなく、これをリーダーであるあなた自身が率先することで、成長への説得力が増すのです。

ある会社で、プレゼンテーションがあまりに下手な役員たちに向かって、社長が役員会の席で言った、こんな話を聞いたことがあります。

「この1年でプレゼン力を高めるためにどのくらいの時間を割いたか言ってみろ」と。だれも答えなかったそうです。時間など割いていなかったからです。

そこで社長は、「俺は毎年10時間はプレゼン学習に当てている。プレゼンはリーダーの重要な仕事だからだ」と言いました。もっとも責任が重く、忙しいはずの社長にこう言われ、役員たちはグーの音も出なかったそうです。

この話のキモは、社長でさえここまでやるのだから、チームリーダーもやるべきだ、というのがひとつのメッセージ。これに加えて、この話のもつ**説得力**にも注目したいと思います。この社長は並みいる役員に向けてこれを宣言したことで、成長し続けることの大切さを役員に徹底できました。おそらくこの話が私のところに伝わってきたということは、その過程で社員をはじめ、この話は多くの関係者たちの耳に入ったことでしょう。

事実この組織は、文字通り、今も学習する組織であり続けています。

リーダーはかなり忙しいときも、学習の時間をつくり出すべきだと思います。

自らが学び続けることの大切さを認識し、実践し、成長し続けようとするリーダーは、メンバーの学習や成長への影響力も強くなり、おのずと説得力をもつのです。

CHAPTER.7

8 リーダーを育てる

リーダーは、ただ人を育てるのみならず、自分の後任となる「次のリーダー」を育てることも大きな仕事の一つです。

あなたが、永遠に同じ仕事をするのであれば、次のリーダーを育てる必要はありません。でも創業社長でもない限り、生涯同じポジションというのは現実的ではありません。そして何より後任を育てることで、あなた自身がより高いレベルの仕事にチャレンジできるようになるのです。

つまり次のリーダーを育てることは、あなた自身のキャリアアップにもなるのです。

リーダーの仕事の能力は後天的に鍛えられるものですから、次のリーダー候補は現時点で学習意欲が高く、好業績者であれば十分です。才能や向き不向きというのはそれほど考慮する必要ありません。

候補者を絞ったあとは、あなたの仕事を間近で見せ、学ぶ機会を与えるというのが育成の早道です。大手企業の中には、社長をはじめとした経営者層に、若手を「**かばんもち**」としてはりつかせ、リーダーシップを学ばせる制度のある組織がありますが、それもこの一環です。**成功も失敗も含めてリアルな意思決定やコミュニケーションを目の当たりにさせることで、そこから学ばせる**のです。

私自身もリーダーの近くで、補佐として学ぶ機会を得たのですが、リーダーその人からもそうですが、周りを囲む他のリーダーたちからも学ぶことが多く、とてもいい制度だと感じました。同じように、自分がリーダーの立場になった今は、期待するメンバーとは、自分が意思決定するときと同じ情報を共有し、**自分がどのような手順で意思決定しているかを見せる**ようにしています。ときに真剣に悩むときは、相談相手になってもらうこともあります。

みなさんが選んだ、あなたが次にリーダーにしたいと見込んだメンバーなら、「自分ならこうする」「これは参考になる」というリアルケーススタディ形式で、あなたから多くを学んでくれることでしょう。

CHAPTER.7

9

リーダーの靴をはかせる

補佐職を担当していたときついたリーダーは、日本語が堪能な外国人でした。

彼は会話の中でよく**「僕の靴をはいて考えてみてよ」**と日本語で言いました。ときには無言で目の前で大きな靴を脱いで、ポンっとこちらに差し出すこともありました。

これは**「If you were in my shoes, what would you do?（私の立場ならどうしますか）」**という英語慣用表現の彼独特のアクションです。

「もし自分がリーダーだったらどうするか」と考えさせることは、メンバーの視点を高めます。チームの中に、このように考えることのできる人が多くなればなるほど、そのチームはうまくまわりはじめます。

以前、ある新入社員と話していて、彼から聞いた印象深い話がありました。曰く、「新入社員研修の際のグループワークで、自分はやりたかったリーダーに任命されなかった。でも、リーダーを動きやすくするための工夫をすることで、チームに貢献した。これもひとつのリーダーシップだと思う」。

彼は新入社員にして、リーダーの靴をはいて考えることを身につけていたのです。

アメリカ合衆国陸軍でも、これを若いうちから徹底的に教え込むそうです。たとえ18歳の新兵であっても、部隊全員が寝静まったときに歩哨に立つ場合、関連するすべての政府資産に責任を負い、部隊の最高責任者と同じようにふるまうことを求めるそうです。つまり**リーダーシップとは、年齢やキャリアの長さとは無関係に、鍛えられるスキル**だということです。

いつまでも自分を「だれかにつきしたがう者」と考えている人は、「上司が○○してくれない」とか「それは自分の仕事ではないから知らない」と、不満ばかり述べるものです。このようなメンバーばかりでは、チームの目標達成はままなりません。

「私の靴をはいて考えて」と求め続けることで、視点を上げてもらいましょう。

CHAPTER.7

10

「院政」を敷かない

あるポジションを公式に退いたにもかかわらず、実権をもち続け、あれこれ口出しすることを「院政を敷く」といいます。

よくいわれるのは創業者やトップを長く続けた人が、組織に居座り続けることですが、トップに限らず、院政を敷く人、敷こうとする人は多いものです。

かつてのチームのリーダーが、異動などでそのポジションを離れたときがその典型です。自分のやり方にこだわりがあったり、そのチームに思い入れがある人ほどその傾向は強いです（**想いが純粋であるからこそ、これはとても厄介です**）。残ったメンバーが新しいリーダーのやり方に違和感をもち、わざわざかつてのリーダーに助言を求めたりすると、その思いはさらに増長します。

実は私は過去、院政を敷いてしまった経験も、逆に敷かれた経験もあるので、それが与える悪影響については、自戒も含めよく理解しています。

「心配で仕方がない」とか「今までつくり上げてきた努力が水泡に帰すのを見るようでつらい」という感覚もわからなくはありません。

ただ、あとを受けた人は、その人なりに工夫し、日々前向きに取り組んでいるはずです。この工夫を通じてチームも次のリーダーも、そしてメンバー自身も成長するもの。ここで手出し口出しするのは、この成長に冷や水を浴びせるのと変わりません。

これは、年齢にかかわらず**「老害」**です。

老兵はその戦場ではもう最前線には立てません。ただ消え去るべきです。あたらしい場所で青年将校として、1日も早く活躍することを優先に考えるべきなのです。

次のリーダーを育て、その座を一度譲ったら、たとえ請われても関与しない。これがリーダーの鉄則です。

CHAPTER

8

自分を整えるコツ

CHAPTER.8

1 上機嫌でいる

リーダーにとって感情（心）を整えることはとても大きなテーマです。

トップの優秀なリーダーを見ていると、100％間違いなく上機嫌な人ばかりであることに気がつきます。**常に機嫌が悪そうな人は、年功で上に上がることはあっても、リーダーとして認められることはありません。**人はネガティブな反応しかしない人についていきたいと思いませんし、話しかけたいとすら思わないからです。

上機嫌なリーダーには、自然に人や情報が集まります。

そしてリーダーの姿勢は、チームに伝染するものです。

リーダーがメンバーと不機嫌な態度でコミュニケーションをとっていると、それは無意識に真似され、リーダーからサブリーダー、サブリーダーからメンバーへと次々に伝染し、組織が丸ごと不機嫌になります。不機嫌なチームとビジネスをしたいクライアントはいませんから、結果的に業績に悪い影響を与えます。

リーダーだって人間ですから、当然、仕事のプレッシャーに加え、体調やプライベートなど、不機嫌になる要素はたくさんあります。でも苦しいですが、あえて上機嫌をよそおうことがリーダーには必要なのです。

たとえ実際には不機嫌でも、上機嫌をよそおって行動していると、少しずつ気分が晴れてくるのに気がつくはずです。

行動と心は一対になっています。

表情を明るく、言葉もポジティブにするだけで、気持ちが変わり、周りに与える印象は変わります。

それでも気分がムシャクシャするときは、半分あきらめ、メンバーに話しかけられたら「先に言っとくけど、今、機嫌悪いよ」と伝えましょう。それだけでも雰囲気は十分和らぎます。

CHAPTER.8

2 ため息をつかない

あなたのストレスが表面に現れる、代表的な行動を３つ挙げるとしたら「**ためいき**」「**舌打ち**」「**ひとりごと**」でしょう。思い通りにならない交渉や、クレームの電話、無理難題やトラブルなどに直面すると「ハーッ」とため息をつきたくなったり、小声で「まじかよ」「やってられない……」とつぶやいたり。

なくて七癖といいますが、よくないとわかってはいても、ついやってしまうものですよね。

これらはただでさえ周りに与える影響として、あまり愉快なものではありません。しかもこれをもしリーダーがやっていたら、メンバーは**不安**になるのです。

「この人、感情のコントロールができないのではないか？」「何か会社によくないことがあったのではないか？」「ため息の原因は自分だろうか？」等々……。

ため息で記憶に新しいのは、2000年に行われたアメリカ合衆国の大統領選です。テレビ討論会の場で民主党候補のアル・ゴアが、対抗馬のジョージ・W・ブッシュが話している最中、何度も深いため息をついたことで、討論の内容とは別に有権者の印象を悪くし、選挙運動を不利にしてしまったことがありました。

大統領の職務遂行能力と、ため息をつくこととは直接関係ありませんが、有権者に「この人はリーダーにふさわしくないのでは?」と思わせてしまったことは確かです。

リーダーの行動は、本人が思っているよりもメンバーから見られています。

先に挙げた3大行動以外にも、**暗い表情やイライラした態度、弱気な発言**も、人前ではNGです。

ため息も、意識的に笑顔でやれば、深呼吸に変わります。不思議なことに少し発想を変えるだけで、自分と周りを落ち着かせる効果すら生み出すのです。

ちょっとしたしぐささえ、配慮をするかしないかで、自分のための武器にもなれば、大統領の椅子をも左右する諸刃の剣になるのです。

CHAPTER.8

3

いつでも暇をよそおう

「忙しい」を口癖にしている人には、面白い仕事の機会は訪れません。新たな仕事を受け入れる余地を、自ら拒否しているからです。

リーダーは相談にのることも大きな仕事。相談しやすい雰囲気をつくるためにも、ぜひ暇をよそおいたいものです。

メンバーからの「お忙しいところすみません」といった常套句に対しても、「いえ、ぜんぜん忙しくないですよ」といちいちこだわってみます。

「最近どうですか?」と聞かれたら、つい「いやー、忙しくて」と答えたくなるところを「暇です」と笑顔で返すのです。

私の周りでも、明らかに忙しいのに「ぜんぜん忙しくない」という態度をとっている人のもとに、相談をもち込む人がひっきりなしに訪れるとともに、それに対して、いやな顔ひとつせず対応している姿をよく目にします。

暇を演じていると、実際に気持ちや時間に余裕が出てくるから不思議です。

忙しい忙しいと念じているときよりも、視野が広がったり、違う角度からものを見ることができるようになったりするのです。科学的根拠はありませんが、一種の自己催眠かもしれません。

リーダーが「忙しい」を口ぐせにしていると、メンバーにもその余裕のなさが伝わります。自らチーム内に不安をつくり出すような愚はおかしてはいけません。

「本当に暇だと思われたら？」という心配もあるかもしれませんが、大丈夫です。私の経験上、本当に暇なリーダーは、口が裂けても暇だとは言いません（ポジションの危機だからです）。

むしろ逆説的ですが、暇をよそおい続けても、メンバーがついてくるようなリーダーでありたいですね。

CHAPTER.8

4 気負いすぎない

リーダーに任命されたとき、多くの人は誇らしさと、未来への希望を感じ、やる気に満ちあふれると思います。

そして、矢継ぎ早に新しいビジョンや取り組みを発表し、メンバー全員との面談、キックオフミーティング・宴会など、全速力で走りたい衝動に駆られます。

でもちょっと待ってください。そのペースで継続的にパフォーマンスを出せるでしょうか？　メンバーはついてこれるでしょうか？

野球でいえば、勢いで駆け抜けられるのは少年野球や高校野球などアマチュアの世界だけです。プロはシーズンを通じて、継続的に成果を出し続けなければなりません。

ビジネスの世界も周りはみなプロフェッショナル。ただ熱いだけに思えてしまう新任リーダーには、「お、やってるな」「いつまで続くかな?」という反応が返ってきます。そして周りはリーダーが失速したときのための対策を、いそいそ立てはじめるに違いありません。

はじめだけ鼻息の荒かったリーダーが失速したときほど、惨めなものはありません。

高まる思いがあるのはいいことです。情熱なしに物事は成し遂げられません。しかしリーダーがメンバーと仕事をする目的は、リーダーの虚栄心を満たしたり、熱い思いをぶつけることではありません。それはだれも期待していません。期待しているのは、チームの目標を達成することです。

その気合、そのテンションは、目標達成のために有効でしょうか?

1年後も、同じエネルギーを維持できているでしょうか?

まずはゆっくりスタートしようじゃありませんか。

CHAPTER.8

5

完璧であろうとしない

リーダーになった瞬間から、あなたは「メンバー」という名の辛らつな批評家たちに囲まれます。

「まずはお手並み拝見」からはじまり、**前任者との比較**や**前職での評判**、今の組織の「習慣」を知らないことに対する**ダメ出し**など、ボキャブラリーの限りを尽くした評価にさらされます。

そんなときにリーダーは、すべてに応えようとしがちです。でも私は、これらの雑音については、それほど気にとめる必要はないと思っています。

リーダーは、究極的には組織の目標達成だけに責任を負っているのです。

周りからの評価を高めることに心血を注ぐことは、優先順位が低いと考えるべきでしょう。

そもそも、リーダーは完全な人物であるわけではありません。それでは、神様や仙人でもなければ、大組織のリーダーになれないことになってしまいます。

何かを成し遂げたリーダーを見ても、欠点のない人はいませんでした。ユリウス・カエサルは「ハゲで女たらし」といわれていますし、莫大な借金も負っていたそうです。織田信長は残忍で短気、というイメージがあります。なんといっても、二人の共通点でもありますが、最期は部下に恨みを買い、暗殺されています。しかし、それぞれ、「パックスロマーナ」「天下布武」といった壮大な目的の基礎を築き上げ、歴史に名を残しました。

メンバーが求める完璧なリーダー像に盲目的に近づこうとし、完璧であろうとしすぎると、本来の目的を見失い、心を病んでしまいます。

「欠点は個性だ」くらいに開き直って、チームの目標達成のみに注力しましょう。いかがですか？　気が楽になってきませんか？

CHAPTER.8

6 知ったかぶりをしない

情報が巷にあふれている現代において、「知らないことがない」などということはありえません。**知らないことは、まったく恥ずかしいことではないのです。**

そんな時代であるにもかかわらず、つい冒してしまうメンバーとの会話での「知ったかぶり」。これは絶対に避けるべきです。

たとえ「リーダーなら知っていないとおかしいことだ」と、周りから言われようとも、たとえ相手が入社したばかりのメンバーであったとしても、知らないこと、わからないことは放置せず、その場で質問してください。

特に初めて会話する相手は、どのレベルで会話すべきか見極めようとしています。話しはじめて「うん、うん」とわかっているような相槌を打ち続けていると、どんどん話が難しくなり、結局あとからまったくわかっていないことが明らかになり、時間がムダになる……。そうなったら「表面をとりつくろう人」「素直でない人」という目で見られ、リーダーの信用はガタ落ちです。

「それってどういう意味ですか？」と聞くことは、一時的に「そんなことも知らないの？」「理解力が低いのでは？」という反応を呼ぶかもしれません。

でも**「聞くは一時の恥、聞かぬは一生の恥」**とはよくいったものです。経験的には、一時の恥どころか、「あのリーダーは率直な人だ」と**好感をもって受け入れられる**ことが多いです。

むしろ人は（特にプロフェッショナルは）、他人に頼られ、教えを請われることは、喜びであったりします。リーダーに知識がないことをあげつらう人は、プロではないのです。気にする必要はありません。

わからないこと、理解できないことは、どんどん尋ねればいいと思います。

リーダーの勝負どころは知識の量ではないのですから。

CHAPTER.8

7

「孤独」を受け入れる

「リーダーは孤独」という言葉を目にしたのは、10年以上前、首相官邸から発行されていた「小泉内閣メールマガジン」の一節でした。

それは「総理大臣は孤独。相談できる相手は多いが、最後に決めるのはひとり。でもこのひとりの時間を大切にしたい」という肯定的なものでした。

当時は「そんなものだろうか」と思ったものですが、**実際にリーダーになってみると、この孤独はなかなか大変なものです。**肯定的にとらえられるようになるまでには、しばらく時間がかかりました。

チームのリーダーとはいえ、多くはだれかの部下でもあるでしょう。するとチームを代表して上から理不尽なプレッシャーを受けたり、他チームやメンバー、クライアントから非難を受けたりもします。

こうした状況を理解してくれる人など、ほとんどいません。理解するどころか、次から次へと無理難題をもち込んで**「リーダーなんだから解決してください」**と迫られる日々。つい「だれも理解してくれない」と愚痴が口をつきがちですが、メンバーに安易に愚痴は言えません。

これはもう、理解してもらおうとしても難しい問題です。孤独をリーダーの宿命と受け入れ、淡々としていることです。

でも実は、そんなときにこそ、自分の本当の理解者がわかります。

それまで他のメンバーとは大きく変わらないと思ってきた人の中に、**自分の思いを理解して助けてくれたり、代弁してくれたりするメンバーが、次第に現れてくる**のです。これはほとんど**奇跡**に近いとすら感じるはずです。

このような信頼関係ができあがってくれれば、その人だけには本音をあかせるようになり、「孤独が分担」されて、孤独が孤独でなくなります。

CHAPTER.8

8

他人を頼る

孤独なリーダーだからこそ、相談相手が必要です。

もちろん最終的な意思決定は、リーダーであるみなさんが責任をもって下さなければなりませんが、その過程で、**先輩**や**専門家**の意見を聞くことは可能ですし必要です。

仕事上のつき合いのない**第三者**に相談することも、客観的な意見を聞くには有効です。以前、近くで仕事をしていたけれど、今では接点がないという人もターゲットに入ります。こういう人はあなたのことをよく理解した上で、助言してくれる大事な人です。

また、直接の利害関係はないけれど、**近くで自分を見てくれている人**、その中に信頼できる人がいるなら、その人に相談するのもおすすめです。

実情に沿ったアドバイスをくれたり、自分では気づかなかったあなたのよさや、ヒントをくれることがあるでしょう。

ただし、現時点で利害関係のある人、特に**自分のチームメンバーに相談をもちかけるときは要注意**です。その人たちは、リーダーであるあなたに気を遣うからです。

客観的な助言が必要なとき「今のやり方でいいと思いますよ」「○○さん、がんばっていらっしゃると思います」といった、肯定的な意見ばかり聞いてしまうと、リーダーは裸の王様になってしまいます。

これでは一時的に悩みが解決しても、問題自体は解決しません（むしろ改善の手を打たないだけに、問題が広がる可能性があり危険です）。

孤独であるがゆえに、相談できる人を多くもつ能力も、リーダーがよい判断を下す必要条件といえるのです。

CHAPTER.8

9 影響力を自覚する

リーダーとして行動するときは常に、**自分の影響力**をよく理解して、自分の発言や発信したメールの内容などに、十分配慮することです。

リーダーはリーダーとして活躍すればするほど、その影響は大きくなり、思っているより多くの人の行動がそれに左右されます。自分が意図しない理解のされ方をすることもあるでしょう。

私も経験があるのですが、以前とまったく変わらない行動をとっていても「**あのポジションについてから、彼は変わった**」「**権力を笠に着て行動するようになった**」など、思ってもみない言われ方をすることがありました。

今まで他人事だと思っていた「権力の濫用」は意外に身近にあるのです。

これは周りが、あなたを「リーダー」という色眼鏡で見るようになった証です。

会議の中で、資料について「なんかイマイチ」と軽く発言したばかりに、その資料を作成した若手に「○○さんが、会議の中で君にダメ出ししてたよ」と伝わり、本人のやる気をそいでしまうなどということもあります。

メールは簡単に組織の末端まで、署名つきでまわる可能性があることも想定しなければなりません。内容によっては、**メールの禁転送機能**を有効に使いこなすようにしてください。特にメールは文書として残るものですので、証拠能力があります。カジュアルな会話だと思って軽い気持ちで発信した内容が、引用されて「リーダーの○○さんがこう言った」と、根拠資料として意図しない形で悪用されることもあります。

ただしこの影響力は、配慮して使いさえすれば、チームを動かす大きな原動力となります。先の会議資料の例でいえば「この資料、わかりやすいね」というコメントが、若手のやる気に一気に火をつけることもあるわけです。

リーダーは、チームの目標達成のために、工夫と配慮を重ねつつ、権力を有効活用するとともに、自分の影響力を自覚して、周囲に配慮してください。

CHAPTER.8

10

誹謗中傷は相手にしない

リーダーへの評価というのは、ときに人格攻撃のような悪意をもったものにエスカレートすることがあります。

組織が目指さなければならない目標やビジョンの、達成難易度が高ければ高いほど、あなたへの風当たりは強くなります。同じ社内でも現状に安住する人、恩恵にあずかっている人は、改革や取り組みを阻止することに全力を尽くしてくるからです。

もし、反対意見として申し入れられるのであれば、ともに議論してよりよいものをつくっていく必要があります。

先にもふれましたが、何かを改善しよう、前に進めようという意思があるかどうかが、「意見」か単なる「愚痴」「文句」かの違いです。

リーダーは、意見に対しては、前向きに取り上げる義務があります。

しかし中には、**誹謗中傷**ともいえるものがあることは、残念ながら事実です。偶然居合わせたエレベーターの中で抵抗勢力に囲まれ脅されたり、面識のない役員から怒鳴られたり、あちこちで事実と異なることをふれまわられることはもちろん、性質の悪いものは、**匿名のいたずら電話、ＦＡＸ、偽名の手紙、ネットへの書き込み**など……。

修正すべき点について意見してもらえれば改善する用意があっても、これでは改善につながりません。これが誹謗中傷の欠点です。

私も最初、かなり悩んだことがありました。ただ気に病みすぎると、仕事の質や体調に影響が出ます。そうなると相手の思うツボかもしれませんので、絶対に避けなければなりません。

経験から出た結論として、誹謗中傷への対処方法は二択です。

一つは**無視**する。一切気にしないことです。そして二つ目は、度を越したら**法的手段を講じ、処理を専門家に任せる**ことです。

リーダーはムダな雑事に、心や時間を割く必要はないのです。

CHAPTER.8

11 性善説をつらぬく

最後にお伝えしたいのは、リーダーとしてチームメンバーに接するときは「性善説」でありたいということです。

「人はサボるもの」「放置すると悪事を働くもの」という「**性悪説**」でいると、リーダーは、とかくメンバーに対して、監督者、もっといえば監視者のような立場になってしまいます。つまり常に疑いの目をかけている状態に、身を置かなければならないということです。

メンバーは、この状況で前向きに努力し、成長し、成果を出して目標を達成しやすいといえるでしょうか。

私は断じて、そう思いません。

リーダーシップを発揮するときリーダーは、メンバーのことを最後まで信じなければなりません。

もちろん実際には、信じた結果、リーダーが**ドン・キホーテ**になってしまうこともあります。私もメンバーを信じた結果「裏切られた」と感じたこともありました。

でもそれでも私は信じ続けるべきだと思います。

そうすると、大半の裏切った人たちは、その姿を見て何かを感じ、次からついてきてくれるものだからです。

チームとはこうして信頼関係の連鎖を重ね、つくり上げていくものだと思うのです。

仕事は最終的には人と人。

性善説にもとづく信頼関係からはじまるのです。

おわりに

私は「上司」、「先輩」などの看板を盾に、理不尽を押しつける「特別な権力」を前提とした社会が、そろそろ限界を迎えていると思っています。

この関係は、社会の非効率の源泉と言ってもいいでしょう。

「上司の命令だ」「先輩に口答えするのか？」などといった根拠のない権力を笠に着た言動が、思考停止や責任回避、創造性の減退などのムダを生み、能力のある人材をつぶし、社会の発展を妨げています。

これはわかりやすく、**「パワハラ」「いじめ」**というキーワードに置き換えてもいいかもしれません。

これに対して、私は本書の中で「上司」ではなく「リーダー」、「命令」ではなく「依頼」という言葉を使い、性善説を前提に、期待や信頼にもとづくチームとの関係づくりをテーマに、これからの日本社会で必要とされるリーダー／メンバーの関係のあり方を提言したつもりです。

幸い、初めての著作である前著**『99％の人がしていないたった1％の仕事のコツ』**が37万部をこえるベストセラーになり、これを機に多くのホワイトカラーの方々と接する機会をいただきました。

その中でよく「ここに書いてある働き方をしようとすると、上司の顔が目に浮かび、一歩前に踏み出せない」というコメントを耳にしました。

こうした「上司」とはどういう人なのでしょうか？　今を改善しようという努力は「上司」にとってもメリットがあるはずです。それなのに利益相反するものなのでしょうか？

あなたは、社会の発展を阻害するような「上司」になってはいないでしょうか？

多くの人に求められる問題解決は難しいものであるはずがなく、ほんの少しの「コツ」さえ実践すれば、社会の足かせになる「上司」にならず、メンバーとともに伸びるリーダーになれるはず、というメッセージが本書に一貫した思いです。

末筆ですが、関係各位にお礼を述べさせていただきたいです。

読者のみなさま、そして読者に拙著を手渡してくださった書店員のみなさまはじめ、前作を出版したことをきっかけにいただいたご縁は、私の視野を広げる稀有な刺激となりました。仕事を通じて、お世話になっているすべてのみなさま、いつも好き勝手やらせていただき、ありがとうございます。世界中で活躍している恩師、同窓、友人のみなさんもいつも心の支えになっています。

「視点を変える 明日を変える」を合言葉に日々邁進されている、出版社ディスカヴァー・トゥエンティワンの干場弓子社長はじめ社員のみなさま、中でも担当編集の石塚理恵子さん、このたびも機会をいただきありがとうございます。少しでも恩返しをしてまいります。

最後に、家族へ。面と向かってはなかなか言えませんので、この場を借りて心から「いつもありがとう」。明日から普通の生活に戻ります。多分……。

【参考文献】

『リーダーを目指す人の心得』コリン・パウエル／トニー・コルツ著　井口耕二訳（飛鳥新社）
『わが上司 後藤田正晴―決断するペシミスト』佐々淳行（文春文庫）
『ハーバード・ビジネス・レビュー2011年9月号　［新訳］リーダーシップとマネジメントの違い』ジョン・P・コッター（ダイヤモンド社）
『ハーバード流リーダーシップ講座03　マネジャー研修とリーダー教育は異なる』ジョン・P・コッター（ダイヤモンド社）
『企業変革力』ジョン・P・コッター／梅津祐良【訳】（日経BP社）
『君主論―ビジネスで役立つ人心掌握の智恵150』ニッコロ・マキアヴェッリ著　野田 恭子［訳］（イースト・プレス）
『サーバント・リーダーシップ入門』池田守男・金井壽宏（かんき出版）
『宇宙兄弟18巻』小山宙哉（講談社）
『Who Says Elephants Can't Dance? 』Louis V. Gerstner（HarperCollins Publishers）
『日本でいちばん投資したい会社』鎌田恭幸（アチーブメントパブリッシング）

99%の人がしていない
たった1%のリーダーのコツ

発行日　2013年６月15日　第１刷
　　　　2014年２月１日　第12刷

Author　河野英太郎

Book Designer　金井久幸（TwoThree）

Publication　株式会社ディスカヴァー・トゥエンティワン
〒102-0093　東京都千代田区平河町2-16-1 平河町森タワー11F
TEL　03-3237-8321（代表）
FAX　03-3237-8323
http://www.d21.co.jp

Publisher　干場弓子
Editor　石塚理恵子

Marketing Group
Staff　小田孝文　中澤泰宏　片平美恵子　井筒浩　千葉潤子　飯田智樹　佐藤昌幸　谷口奈緒美　山中麻吏　西川なつか　古矢薫　伊藤利文　米山健一　原大士　郭迪　蛯原昇　中山大祐　林拓馬　安永智洋　鍋田匠伴　榊原僚　佐竹祐哉　塔下太朗　廣内悠理
Assistant Staff　俵敬子　町田加奈子　丸山香織　小林里美　井澤徳子　橋詰悠子　藤井多穂子　藤井かおり　福岡理恵　葛目美枝子　田口麻弓　皆川愛

Operation Group
Staff　吉澤道子　松尾幸政　福永友紀
Assistant Staff　竹内恵子　熊谷芳美　清水有基栄　小松里絵　川井栄子　伊藤由美　石渡素子　北條文葉　伊藤香　金沢栄里

Productive Group
Staff　藤田浩芳　千葉正幸　原典宏　林秀樹　三谷祐一　石橋和佳　大山聡子　大竹朝子　堀部直人　井上慎平　田中亜紀　山﨑あゆみ　本田千春　伍佳妮　リーナ・バールカート

Digital Communication Group
Staff　小関勝則　中村郁子　松原史与志　松石悠

Proofreader　株式会社文字工房燦光

Printing　株式会社厚徳社

ISBN978-4-7993-1329-9